JN495147

아산재단 연구총서 제468집

다문화사회와 이주민 건강

헬스커뮤니케이션 차원의 분석과 대안 모색

다문화사회와 이주민 건강: 헬스커뮤니케이션 차원의 분석과 대안 모색
Copyright ⓒ 2020 Euichul Jung All rights reserved.
This Edition was published by Jipmoondang in 2020, Seoul, Korea.

이 책의 저작권은 저자에게 있습니다.
이 책의 출판권은 **(주)집문당**에 있습니다.
저작권법에 의하여 보호를 받는 저작물이므로 무단전재와 무단복제를 금합니다.

아산재단 연구총서 第468집

다문화사회와 이주민 건강

헬스커뮤니케이션 차원의 분석과 대안 모색

정 의 철

집문당

정의철

럿거스대학교 커뮤니케이션학 박사 (PhD. in Communication, Information and Library Studies, Rutgers, the State University of New Jersey)

현 상지대학교 미디어영상광고학과 교수

현 한국언론학회 통일과 다문화커뮤니케이션 연구회장, 전 한국소통학회장

아산재단 연구총서 제468집

다문화사회와 이주민 건강

헬스커뮤니케이션 차원의 분석과 대안 모색

2020년 12월 30일 1판 1쇄

저자 | 정의철
발행인 | 임동규
발행처 | **(주)집문당**
등록 | 1971. 3. 23. 제2012-000069호
주소 | 03134 서울시 종로구 돈화문로 82, 5층
전화 | +82-1811-7567
이메일 | sale@jipmoon.com
홈페이지 | www.jipmoon.com

ISBN 978-89-303-1893-8 94330
978-89-303-1500-5(세트)

가격 13,000원

이 도서의 국립중앙도서관 출판시도서목록(CIP)은 e-CIP홈페이지(http://www.nl.go.kr/ecip)와 국가자료공동목록시스템(http://www.nl.go.kr/kolisnet)에서 이용하실 수 있습니다.
(CIP제어번호: CIP2020053139)

머리말

개인과 공동체의 건강을 위해서는 의학적 연구와 치료, 약품 등 의료 환경의 개선도 중요하지만 동시에 의료서비스와 정보를 신속 정확하게 제공하면서 공동체와 시민들이 건강증진을 위한 노력을 하도록 설득하고 동기를 부여하며, 소통하는 과정이 중요하다. 이 과정에서 단순한 정보전달을 통한 설득뿐 아니라 복잡다기한 건강문제의 맥락과 원인, 예방에 대해 알리고, 공감하는 커뮤니케이션을 통해 공중들이 자발적으로 질병예방과 건강증진을 위한 노력을 지속적으로 하게 된다면 개인은 물론, 공동체의 건강증진에 더욱 기여할 수 있을 것이다.

메르스에 이어 코로나 19 감염 위기를 계기로 정부와 전문가 중심으로 전개되는 의학적 방역 및 보건을 위한 노력과 함께 손 씻기, 마스크 착용, 사회적 거리두기 등 공동체의 건강을 위한 시민들의 건강에 대한 인식 변화와 자발적 참여의 중요성이 부각되고 있다. 예방백신이 부재한 가운데 불확실성이 높은 코로나 19 같은 신종감염병의 경우 인류가 할 수 있는 대응의 핵심은 예방이며, 이를 위한 사람들의 인식과 행동 변화가 필수적이고, 이 과정에서 커뮤니케이션의 역할이 막중하다.

의학의 발전과 기대수명의 연장 및 웰빙에 대한 관심의 증가와 동시에 다양한 건강위험 요인들이 속출하는 상황에서 건강에 대한 인문학적 이해와 함께 사회과학적 접근의 필요성이 커지고 있다. 특히, 건강문제를 선제적으로 탐색 및 분석하고, 공중의 인식, 태도, 행동 변화 등의 구체적인 대안을 모색하고 제시함으로써 개인은 물론, 공동체 차원에서 질병을 예방하고, 건강증진에 기여하기 위한 노력의 중요성이 커지고 있다.

살아왔던 익숙한 환경을 떠나 다른 나라로 이주해 새로운 곳에 정착하는 경험을 공유하는 이주민들은 사회적·문화적·언어적으로 소수자 위치에 처해 있고, 출신국에서 형성해 온 가족이나 지인과의 관계 단절과 부족한 '사회적 지지(social support)'로 인해 경제적으로도 취약한 계층이 될 가능성이 크다. 이주민들은 이주로 인한 언어적, 문화적 차이로 인해 그들이 직면한 문제들에 대해 적극적으로 발언하고 소통하고 의제화하는 측면에서도 불리한 위치에 있다. 특히, 질병과 건강이 가지는 불확실성과 복잡성, 전문성과 민감성을 고려하면 이주민들이 그들의 건강문제를 제기하고, 소통하고, 공론화하기는 쉽지 않다. 이 점에서 이주민들이 직면한 건강문제를 발견하고, 알리며, 이들의 건강증진을 위한 구체적인 방안을 모색하기 위한 커뮤니케이션 노력이 강화되어야 한다. 즉 이주민들에게 필요한 건강 관련 정보가 무엇인지를 이해하고, 이들에게 건강정보를 효과적으로 전달해 필요한 행동변화를 유도하며, 정책변화를 촉구하는 노력이 필요하다.

이 책은 이주민들이 겪는 건강문제를 의학적 관점이 아닌 사회과학, 특히, 커뮤니케이션학 관점에서 살펴보았고, 그들의 시선에서 건강문제에 대해 말할 수 있는 장을 제공했다는 의미가 있다. 이들의 일상에서 나오는 언어와 표현들을 통해 이주민들이 건강에 관한 정보와 지지를 어떤 채널을 통해 얻고, 어떻게 건강문제에 대해 소통하는지, 이 과정에서 대중매체와 대인 간 관계를 통한 커뮤니케이션이 어떻게 작동하고 개입하는지에 초점을 두었다. 물론, 이 과정에서 자연스럽게 이주민들이 겪는 건강문제와 함께 이에 대처하는 데 있어서 구체적인 어려움들도 탐색했으며, 나아가 다양한 커뮤니케이션 채널과 방법들을 활용해 이주민의 건강증진에 기여할 수 있는 방안을 제안하고자 했다.

이 연구의 일부는 학술지로도 나왔지만 책의 특성상 좀 더 자세한 부분까지도 소개하는 의미가 있고, 최근의 상황들도 포함하였다. 건강은 다양한 사회적·경제적·문화적 차원의 인간 활동을 위한 최소한의 토대가 된다는 점에서 시민으로서의 활동에 있어서 그 중요성은 더 말할 나위가 없다. 다양한 생활 측면에서 또 건강이라는 측면에서도 사회적 약자의 위치에 있는 이주민들의 생생한 목소리를 통해 그들의 건강문제와 함께 건강정보를 어떻게 찾고, 건강에 관한 지지를 얻고 있는지, 또 이주민의 입장에서 필요한 건강정보는 무엇이 있는지에 초점을 두면서 커뮤니케이션 차원의 대안도 모색하였다.

책을 보완하는 과정에서 이론적 배경이나 연구결과의 함의와 시사점 부분에 대한 설명을 강화하고자 노력했다. 연구를 시작해 진행하고, 책으로 정리해 집필하고 출간되는 과정에서 생각보다 시간이 지체되었다. 최대한 원고를 보완했지만 더 업데이트가 필요한 부분들이 있을 것이다. 이주가 늘어나는 시점에서, 또 감염병을 포함해 공동체의 건강이 무엇보다 중요한 시기에, 이주민의 건강은 주목해야 할 공동체의 이슈이다. 후속연구를 통해 그간 변화된 부분들을 반영할 것을 약속드린다.

2020년 9월

저자 정의철

| 차 례 |

| 표/그림 차례 |

들어가며

들어가며

1) 건강과 커뮤니케이션

건강함은 단순히 질병의 존재 여부를 넘어 의료서비스에 대한 충분한 접근과 이용과 관련되며, 건강 관련 정보와 '사회적 지지'를 충분히 받는 개인과 공동체의 상태를 전제할 때 가능하다. 건강함을 위해서는 건강에 부정적인 영향을 주는 가난 등 구조적 요인들, 건강과 관련된 잘못된 문화적 관행과 믿음, 위생·보건시설의 미비, 언어와 소통의 문제, 차별과 불평등 등의 요인들을 찾아내고, 담론화하며, 개선을 위해 정책적으로 개입하는 것이 중요하다. 또한, 건강증진을 위해서는 필수적으로 요구되는 건강정보 공유와 검진, 운동, 식생활 개선 등 행동 변화가 중요한데, 이러한 변화는 정보를 제공하고, 설득하고, 공감을 유도하는 노력으로부터 출발하며, 이는 커뮤니케이션의 역할과 연결된다.

건강은 식욕, 열심히 일함, 자연을 즐김, 사회활동 참여 등 일상에서의 긍정적 기능 수행을 뜻하며, 좋은 건강은 질병이 없음을 넘어 환자나 시민의 자존감 및 자신감의 회복을 뜻하며, 치료도 신체적·사회적·정신적·심리적으로 이루어져야 한다(Singhal & Chitnis, 2005). 건강은 인간의 기본적 욕구이며, 건강해야 일을 할 수 있고, 사회활동을 할 수 있다(정진주, 2010)는 점에서 차별 없이 일할 수 있고, 생활의 질을 유지할 수 있는 상태를 의미한다. 이러한 건강에 대한 의료적 관점을 뛰어넘는 사회과학적이며 인문학적인 관점은 건강증진을 위해 필수적인 정보와 지지를 다양한 방법으로, 또 효과적으로 전달하고 공유해 개인과 공동체의 건강증진을 목표로 하는 활동을 포괄하는 커뮤니케이션의 역할과 연결된다.

코로나 19 과정에서도 설득적이고 공감적인 방역과 보건을 위한 커뮤니케이션 노력의 중요성이 나타났듯이 금연, 절주, 식생활 개선, 운동, 콘돔사용 등 건강을 위해 사회적으로 필요한 행동을 설득하는 건강캠페인도 보건당국이나 의료진, 전문가 중심의 주입식이 아니라 건강위험이나 질병으로부터 영향을 받게 되는 공중에 대한 이해와 존중이 바탕이 되는 방식으로 변화해야 한다. 이 점에서 건강을 위한 커뮤니케이션은 단순한 정보전달을 넘어, 설득과 공감의 과정이자 결과라고 볼 수 있다. 커뮤니케이션을 통한 질병과 건강에 관한 필수적인 정보의 제공과 설득이 구성원들의 식생활 개선, 운동, 금연, 절주, 검진 등 건강관리에 있어서 유익한 행동들을 촉진하고, '건강위험행동(health risky behaviors)'으로 불리는 흡연, 폭음, 중독 행위 등을 멈추도록 함으로써 개인은 물론, 공동체의 질병 발병률과 사망률을 낮출 수 있다. 의료현장에서도 불안감이 큰 환자의 입장을 존중하는 의료진의 공감적 커뮤니케이션은 환자의 만족감 증진은 물론, 실질적인 회복에도 긍정적 기여를 한다. 반면 의사의 권위적이거나 무관심한 태도와 일방적인 커뮤니케이션은 환자에게 신체적 고통과 함께 두려움과 불안을 높여 건강상태를 더 악화시킬 수 있다는 점에서 의료현장에서 상호적이며 민감한 커뮤니케이션은 대단히 중요하다.

건강문제를 생의학적 문제로만 볼 것이 아니라 사회문화적 관점, 특히, 건강문제를 겪는 취약계층들의 생생한 경험과 목소리와 그들의 요구 중심으로 접근하는 '아래로부터(bottom-up) 접근'을 통해 이른바 '건강약자'들의 목소리와 그들의 경험과 상황에 대해 경청하는 노력이 중요하다. 즉 이주민 등 건강약자에게 건강정보를 일방적으로 '위로부터' 전달하지 않고 상호적 커뮤니케이션을 통해 문제를 제시하고, 정보와 지지를 제공하며, 이 과정에서 상호이해하고 연대하는 과정이 중요한 것이다. 특히, 이주민과 같이 문화적, 언어적으로 소수자이자 약자의 위치에 있는 경우 커뮤니케이션의 역할은 더욱 중요하다. "건강한 이민자효과(healthy immigrants effects)"는 처음 이민자가 도착하면 건강하다는 점을 뜻하는데, 이는 건강한 사람들이 자신과 가족을 다른 나라로 이동시킬 수 있고 이민허가를 받을 수 있으며, 노동이주를 하는 나이가 보통 젊을 때가 많다는 점에서 나온 말이지만 이 효과는 시간이 가면 줄어든다(Gushulak, Pottie, Roberts, Torres, & DesMeules, 2011). 즉 이주민들이 이주 후 직면하게 되는 생소하면서도 상대적으로 열악한 사회경제적 조건과 '사회적 지지'의 부족, 열악한 직장과 가사 노동 환경은 그들의 건강에 부정적 영향을 미친다.

'사회적 지지', 즉 가족, 친구, 건강관리 공급자와의 지지적인 사회적 관계와 소통이 건강한 행동을 스스로 시작하고 유지할 수 있다는 자신감인 '자기효능감(self efficacy)' 형성으로 이어지고, 건강관리를 적극적으로 하게 하며, 우울증을 줄일 수 있다(Vyavaharkar, et al., 2011). 이러한 사회적 지지는 커뮤니케이션을 통해 전달되고, 형성되며, 그 결과 건강에 대한 불안과 불확실성을 줄이고, 질병에 대한 통제감과 자기효능감을 높이는 데 기여한다. 사회적 지지가 높을수록 건강예방 행동을 더 많이 하고, '건강위험행동'을 더 적게 하며, 특히, 이주의 경험으로 인한 문화변용 스트레스도 줄여준다고 한다(Grosso, 2010; Stephens, et al., 2004; Yang, et al., 2010). 반면 낯선 환경에서 정착하고 새로운 임무에 직면하고 수행하는 과정은 스트레스를 높일 수 있고, 건강위험들에도 더욱 노출되게 한다. 특히, 이주로 인한 사회경제적 어려움과 사회적 지지 단절로 인한 문제는 건강에 부정적 영향을 줄 수 있다(Dias, et al., 2010). 이 점에서 이주민에게 필요한 건강정보와 의료서비스 혜택 등 정책에 대해 알리고, 이 과정에서 사회적 네트워크를 구축하게 하는 것은 이주민의 건강한 정착과 일상의 수행에도 기여할 수 있을 것이다. 이 연구는 이주민이 겪는 건강 문제들을 탐색하고, 제시하면서 이들의 건강에 대한 인식, 행동, 건강정보 접근과 이용 패턴 등에 대해 알아보고, 이들의 의견과 경험을 중심으로 건강증진을 위한 대안들을 찾아보고자 했다.

2) 다문화사회 이해하기

필자는 다문화의 역사가 비교적 오래된 미국에서 다양한 다문화 상황들을 마주한 경험들이 있다. 미국 뉴저지라는 인종적 소수자의 비중이 높은 지역에서 살면서 다양한 문화의 공존과 관련된 상황과 갈등들을 마주했다. 유학 시절 미국 주립 대학의 교양과목인 "한국어" 수업을 강사로 여러 학기에 걸쳐서 가르쳤다. 주로 한인 1.5세나 2세 대학생들이 수강했으며, 그들이 겪는 이중문화 · 이중언어 적응과 정체성 갈등 과정도 관찰할 기회가 있었다. 또한, 지역의 '한국학교(Korean School)'에서 한인 2세 아동들을 가르치면서 어릴 때부터 다문화에 대한 교육이 중요하다는 점도 피부로 느꼈다. 또한, 다양한 인종과 민족, 문화적 배경을 가진 사람들과 주거 공간을 공유하는 경험을 통해 문화적 차이가 결코 쉽지 않은 문제이며, 다양한 문제들을 낳을 수 있음도 체험했다. 이러한 경험을 통해 다양한 문화가 있음을 인정함은 물론이고, 평화로운 공존을 위해서는 의식적인 노력이 필요함을 절감했고, 나아가 다양한 사람들의 다양한 삶의 영역들에서의 권리와 의무를 상호존중하도록 교육할 필요성을 강하게 느꼈다. 또한, 소수자의 주류사회로의 적응과 동화를 위한 다문화정책과 교육만으로는 조화로운 다문화사회를 기대할 수 없고, 사회에서 다수를 차지하는 이른바 '다수자'들이 다양한 문화와 욕구, 권리들을 이해하고, 존중하는 자세를 교육받아야 함도 알 수 있었다.

특별한 시각으로 보거나 시혜의 대상이 아니라 "더불어 사는 동반자"로 이주민을 대하고, 상호교류하며 조화롭게 공존하는 다문화사회를 이루기 위해서는 다양한 다문화정책과 교육을 통해 다수자와 소수자가 서로 교류하고, 배울 수 있어야 한다. 또한, 건강을 비롯한 모든 영역에서 소수자들도 동등한 권리들을 갖고, 의무들도 실천해야 하며, 이를 위한 정책적 뒷받침도 중요하다. 이 연구를 통해 기본적인 인간의 권리인 건강권의 강화를 통해 이주민의 '임파워먼트(empowerment)'와 함께 더불어 살며 상호존중하고 공존하는 사회를 앞당기는 데 조금이라도 기여하고자 한다.

'전지구화(globalization)'라는 세계적인 정치·경제·문화적 경향과 함께 수송수단과 커뮤니케이션 기술의 발달은 전통적인 국가 및 문화 간 경계를 흐리게 하고, 다양한 지역의 사람들이 이동하고, 교류하게 하는 배경이 된다. 사람은 물론, 문화, 스포츠, 정치 등의 국가 간, 문화 간 교류 확대는 세계적 현상이며, 다양한 인종적·문화적 배경을 가진 사람들이 함께 사는 다문화사회의 등장을 가속화시키고 있다. 한국도 최근 다양한 나라, 특히, 중국과 동남아시아 국가들로부터의 이주노동자와 결혼이주여성의 유입이 꾸준히 증가하면서 다문화사회로 변모하고 있다. "다문화가정," "다문화교육," "다문화아동," "다문화마을," "다문화정책," "다문화사회," "다문화복지," "다문화주의," "다문화방송," "다문화갈등" 등 다문화를 접두어로 하는 새로운 단어들이 폭증하면서 '다문화'가 화두로 부상하고 있다. 다문화사회의 도래로 "차이"와 "다양성"에 대한 인정과 존중이 중시되는 동시에, "갈등," "편견," "차별," "불평등," "불법체류," "범죄," "왕따" 등 부정적 영향에 대한 우려도 커지고 있다. 이는 한국사회가 다른 문화와 인종 및 민족이 공존하면서, 다양성이 존중받는 열린 사회로 발전할 수 있는지 여부가 결정되는 분수령을 맞고 있음을 보여준다. 그동안 단일민족 신화의 영향을 받아온 한국 국민들은 다른 문화와의 교류 경험이 부족하고, 다른 문화를 배려하는 의식이 높지 않은 것도 사실이다. 이런 상황에서 다문화사회의 복합적인 의미와 함께 이주민의 '건강권'을 포함한 권리들에 대해 성찰하고, 문제점을 파악하면서 대안을 모색하는 노력이 요구된다. 이런 노력을 통해 상호인정과 존중, 상호이해와 교류를 바탕으로 하는 다문화사회가 조화롭게 발전할 수 있는 길을 찾을 수 있을 것이다.

21세기는 '이주의 시대(age of migration)'로 불리는데, 이른바 '다문화사회'의 배경이 곧 '이주의 보편화'에 있다고 해석할 수 있다. 광범위한 분야들을 관통하는 전지구화와 신자유주의 물결 속에 자본, 노동, 정보, 가족 등의 국가 간, 문화 간 이동과 상호작용이 증가하면서 상호접촉과 교류, 갈등과 융합이 보편적 현상이 되고 있다.[1)] 이주는 '전지구화'의 결과이자 동인이며, 이주의 가속화로 국민국가 경계와 시민적 정체성이 일치하지 않는 경우도 많아지고 있고, 한 공동체 안에서 문화적 · 혈통적 배경, 역사적 · 정치적 경험이 다른 주민의 비중

1) 신자유주의 확산은 자본과 노동의 세계화, 이주노동자와 난민의 급증, 인종과 문화의 이동과 충돌을 가속화시키고 있다(김남국, 2010; Georgiou, 2005).

도 커지면서 정치 · 경제 · 사회적인 면에서 분명한 경계를 가지고 하나로 간주되었던 "국민=국가"의 관계도 약해지고 있다(조동기, 2010). 이주민들은 출신국과 거주국 모두와 연결되는 독특한 정체성과 정보 · 문화 욕구와 함께 사회문화적 · 언어적 배경을 갖고 있으며, 초국적인 소통과 네트워킹을 한다는 특성이 있다(엄한진, 2011; 홍숙영, 2008; Hegde, 2016). 낯선 땅으로 이주한 이주민들은 이주노동의 형태로 또는 국제결혼의 형식으로 정착하게 되는데 경제적으로 취약한 경우가 많으며, 참정권도 부재하거나 정치적 발언권도 취약하다고 볼 수 있다. 반면 이들은 문화적 · 언어적 · 사회관계망 차원에서는 전지구화 시대에 필요한 이중문화 · 이중언어 능력 등 다문화적 경험과 잠재력을 보유하고 있으며, 이는 이주민들이 겪는 권리와 복지의 문제에 대해 사회적 관심과 함께 정책지원이 필요한 이유로 주장되기도 한다. 국제적인 이주의 맥락과 흐름, 이주민의 다면적 특성에 대한 이해는 다문화사회 소통과 교류, 정책 논의의 출발점이 되어야 한다. 특히, 이주민이 겪는 건강문제에 대해 주목하고 그들의 건강에 유익한 정보와 사회적 지지, 정책을 알리고, 제공하려는 커뮤니케이션 노력의 강화는 이들의 정착은 물론, 일상을 돕는 역할을 할 수 있다.

한국에서는 3D업종 기피와 고령화, 노동력 부족, 농어촌 결혼난과 저출산 문제 등이 맞물리면서 이주노동자, 결혼이주민 등의 유입이 늘어났고, 그 결과 문화 간 갈등과 소통이 사회문제로 부각되기도 한다.[2] 출입국 · 외국인정책본부의 2017년 11월 통계연보에 따르면, 국

2) 1980년대 후반부터 이주노동자와 중국동포의 노동시장으로의 편입, 2000년대 결혼이주 증가로 정책적 대응이 강화되고 있다. 후기산업화 속에서 인구 감소, 인력난, 농촌결혼 기피, 노동가치 상승 등으로 인해 동남아인, 중국동포 등의 유입이 늘면서 이주민의 인권과 자녀 교육 문제, 범죄, 시민권 문제 등이 부상하고 있다(김진희 · 오윤호 · 이수안, 2009).

내체류 외국인은 213만 542명이며, 중국 101만 2,639명(47.5% · 중국동포 67만 7,212명 포함), 베트남 16만 6,732명(7.8%), 태국 13만 8,032명 (6.5%), 우즈베키스탄 6만 3,287명(3.0%), 필리핀 5만 6,567명(2.7%)의 순이었고, 국적뿐 아니라 인종적 다양성도 증가하고 있다. 이주 증가에 대응해 지난 10여 년간 한국사회도 표면적으로는 적극적으로 반응해 왔고, 그 결과 다문화 관련 정책과 예산이 꾸준히 늘어나고 있다. 다문화 복지예산이 2006년 12억에서 2011년 1,162억으로 늘었지만, 다문화 예산 · 정책사업의 80% 이상이 결혼이주가족에 집중됐고, 이벤트성 행사의 중복 실시, 정책 계획과 평가 미비, 부처 간 협조 부족으로 정책 효율성이 낮고, 유기적인 연결 없이 산발적으로 추진되었기 때문에 정책들을 통합 · 조정해 예산 낭비를 막고 정책 효율성을 높여야 한다는 지적이 제기되었다(류현숙 · 박선주 · 홍승희, 2012).

다문화가정을 위한 정책도 이주여성의 인권이나 사회문화적 권리보다는 저출산 문제해결과 가족지원 중심이며, 다문화 관련 정부 정책들이 여러 부서에서 경쟁적으로 나오면서 중복되고, 현장의 요구가 반영되지 않는다는 비판을 받고 있다. 이주민들을 위한 수많은 다문화교육 프로그램들이 실행되고, 신문 · 방송 등 미디어의 다문화 관련 기사와 이주민들이 출연하는 방송 프로그램들도 증가하고 있지만, 여전히 다양성과 다문화에 대한 시민의 의식이 높지 않다는 지적도 있다. 2010년에는 한국인 여성과 버스에서 친하게 이야기한다고 인도인에게 인종차별적 욕설을 퍼부은 한국인이 모욕죄로 처벌받았고, 이후 이주민 등 소수자의 차별금지를 바탕으로 한 "차별금지법"이 국회에서 논의된 바 있다. 이 법이 통과된다면, 그동안 처벌규정이 없었던 출신국, 인종, 언어에 따른 차별적 행위나 비하 발언, 모욕에 대한 법적 제재가 구체화될 수 있겠지만 국회에서는 수차례 발의되었지만 '종북게이'라는 낙인찍기 공세로 통과되지 못하고 있다(이경윤, 2014). 이주민을 대상으로 한 교육을 넘어 모든 시민의 '다문화 감수성(multicultural sensitivity)' 증진을 위한 정책이 강화되어야 할 이유를 보여준다.

다문화의 역사가 오래된 미국과 유럽에서도 빈곤 등 경제적 불평등, 배제와 차별, 게토화, 인종주의, 단속·추방, 폭동 등으로 상징되는 문화 간 갈등이 심각하며(김원, 2011), 유럽에서의 반(反) 이민/반다문화 시위와 인종주의적 공격과 테러, 미국에서의 소수인종에 대한 경찰 폭력과 이에 맞선 시위, 일본에서의 혐한단체 활동과 제국주의 침략에 대한 미화 등을 통해 국가주의, 인종주의, 제국주의 경향이 부활하고 있으며, 이주에 대한 통제 움직임도 강화되고 있다. 이 점에서 우리나라만 단일민족 의식을 갖고 있고, 다문화감수성이 부족하며, 차별적이라는 과도한 자성주의에서도 탈피할 필요가 있다.[3] 다문화의 역사가 앞선 서구에서도 '다문화주의 실패' 담론이 속출하고 있다는 점에서 문화 간 갈등을 줄이고, 상호교류와 이해를 강화하기 위한 구체적인 방안을 찾기 위한 국제적 연대 활동과 연구가 필요한 시점이다.

한국의 인종주의는 '이중적 인종주의'로 볼 수 있다. 즉 미국이나 유럽 등 서양 출신에 대해서는 우호적인 반면, 동남아 출신이나 흑인 등에 대해서는 부정적 고정관념과 차별의식이 강고하게 형성되어 있

3) 정의철·이창호(2007)는 한국 주류언론이 진보와 보수를 막론하고 다문화 관련 보도에서 미국이나 유럽에 비해 우리가 너무 다문화 감수성이 떨어지고 문제가 있다는 식의 자성과 자책 담론을 양산한다고 비판했으며, 이는 주류언론의 서구에 대한 근거 없는 선망과 서구우월주의를 내면화한 결과라고 해석했다.

다(김미선, 2009; 안정임 · 전경란 · 김양은, 2009). 주류언론 등 미디어도 이주민을 출신지, 젠더, 계급에 따라 차별하고, 서양인은 세계화의 한 부분으로, 이주노동자는 순혈적인 한국에 대한 침범자로 묘사하는 경향이 있다(Lee, 2012).[4] 한국인은 외세 침략과 식민지배 등 억압과 차별의 대상이 되었던 역사가 있음에도 동남아 출신이나 흑인, 중국인에 대한 차별적 태도가 강하다는 사실은 적극적인 소통과 정책적 노력이 필요함을 보여준다. 이러한 상황에 대한 이해를 바탕으로, 이 연구는 모든 생활을 하기 위한 토대가 되는 건강과 커뮤니케이션의 관계에 주목했다. 즉, 다양한 커뮤니케이션 채널을 통한 건강정보의 습득과 공유, 사회적 지지 제공을 통해 이주민의 건강함을 강화할 수 있는 방안을 모색했다.

건강정보 및 지식의 생산, 의료와 '건강관리(healthcare)' 영역은 전문성과 복잡성이 크기 때문에, 이해당사자 간 힘의 불균형도 크게 나타난다. 즉, 의사 등 의료전문가들이 건강 메시지의 생산자이고, TV 등 미디어가 건강 메시지의 해석자 · 전파자라면, 일반 공중은 건강 관련 의미생산과정에 접근이 불가한 상황에서 단순한 정보의 수신자에 불과한 경향이 있다(Parra & Mateo, 2007). 그 결과 의료와 건강관리는 물론, 그와 관련된 정책 생산은 의료인과 전문가 관점으로 운영되고, 일반 시민이나 환자의 요구가 반영되지 않는 경향이 강하다.

건강관리에서의 힘의 불균형은 다문화와 같은 '문화 간 의학적 상호작용(cross-cultural medical encounter)'일 때 더욱 심해진다(Michaelsen,

4) 선행연구들에 따르면, 결혼이민자를 다룬 〈인간극장〉에서 영미권 출신에게는 모국어로 인터뷰를, 동남아 출신 등의 결혼이주민에게는 한국어로 인터뷰를 하는 차별적 전략을 취했으며, 동남아 출신 결혼이주여성들이 순응하며 살아가는 방식으로 이야기를 전개해 편입과 동화, 연민의 대상으로 정형화했다고 한다(박진영, 2015에서 재인용).

Krasnik, Nielsen, Norredam, & Torres, 2004). 즉, 언어적, 문화적 차이와 함께 이주한 사회의 의료체계에 익숙하지 않다는 점과 사회관계와 사회적 지지 부족이 문화 간 의학적 상호작용에서의 격차와 부실을 낳을 수 있다는 점이 이주민 환자들의 건강관리의 취약함으로 이어질 수 있다.

이주민은 새로운 환경으로 이주하면서 익숙하지 않음, 외로움, 고립감과 함께 사회관계와 네트워크를 형성하는 데 어려움을 겪을 수 있다. 또한, 고립감과 사회네트워크 형성의 어려움은 건강관리를 찾는 데 있어서 주저하게 하거나, 회피하게 할 수 있다(Sanchez-Birkead et al., 2011). 건강관리 맥락에서 이주민이 가지는 제약에는 의료보험 부재나 보장의 부족, 빈곤 등 사회경제적 원인과 함께, 주류사회와는 다른 전통적인 건강 믿음과 태도, 행동 등도 영향을 준다. 예를 들어, 미국 등 서구에서도 이민자와 백인 사이에는 유방암의 원인, 진행, 치료에 관한 믿음체계가 다르다고 한다. 즉 건강이나 질병에 대해 문화적으로 형성된 인식, 태도, 관행이 건강관리 행동에 중요한 영향을 미친다. 선행연구에 의하면, 건강과 관련한 소수자의 특성을 고려한 커뮤니케이션 차원의 개입이 유방암에 관한 태도를 개선하고 검진 등 예방 행동을 증가시킬 수 있다고 한다(Marks, Reed, & Ibrahim, 2004). 이는 경제적 비용 문제 해결 등 제도적 지원과 함께, 불확실성이 높은 건강문제에 대한 문화적 인식을 변화시키고, 커뮤니케이션의 어려움을 줄이는 것이 건강관리에 긍정적 영향을 미침을 암시한다. 이 점을 감안하면, 건강정보에 대한 접근과 이용을 강화할 수 있도록 커뮤니케이션을 활성화함으로써 이주민의 건강을 증진하고, 이주민의 '임파워먼트'에 기여할 수 있겠다. 즉, 이주민의 건강권 및 건강불평등 문제를 커뮤니케이션 중심으로 분석하고, 해결책을 논의하는 것이 이주민의 '임파워먼트'로 이어질 수 있다. 인권이자 시민권의 핵심 요소가 되는 건강에 대한 이주민의 목소리에 주목하면서 이들의 건강 관련 정보 욕구와 건강 관련 커뮤니케이션 패턴을 파악하는 것은 중요한 연구과제이다.

이 연구는 이주민 관련 기관이나 이주민 지원단체로부터 소개받은 42명의 이주노동자와 결혼이주여성들을 대상으로 한 '면 대 면(face to face) 인터뷰'를 바탕으로 했다. 소수자 대상 연구에서는 구성원들의 지지를 얻고 있는 조직이 건강 정보 확산에서 핵심 채널이자 믿음을 주기 때문에(Stephens, Rimal, & Flora, 2004), 이주민 공동체와 이주민 관련 조직을 활용해 인터뷰 참여자를 모집했다. 인터뷰를 통해 이주민들의 질병 및 건강에 관한 인식, 건강정보 욕구와 건강정보 접근 방식과 장애 요인, 한국에서의 의료기관 이용과 의료현장에서의 커뮤니케이션 경험에 대해 조사했다. 아울러, 이주민이 건강정보를 습득하고, 전파하는 과정을 대인 및 미디어 채널로 나누어 조사하였다. 이주민 인터뷰와 함께 이주민을 전담해 치료하고 상담한 의료기관 등과도 인터뷰를 실시했으며, 이 자료도 보조자료로 활용했다. 연구자가 이주민 관련 조직에 다양한 형태로 관여하고, 참여해 온 것을 바탕으로 한 참여적 관찰 조사도 병행했다. 공동체 관여와 '비판적 자기성찰(self-reflection)' 접근을 바탕으로 이주민의 목소리를 그들의 시각에서 경청하고, 해석하고자 했으며, 이를 위해 인터뷰 및 관찰기법을 활용했다(Ford & Airhihenbuwa, 2010; Sanchez-Birkead, Kennedy, & Miyamoto, 2011). 이주민인 인터뷰 참가자들이 그들의 경험, 의견, 감정을 자유롭고, 상세히 이야기하도록 했고, 참여적 접근을 통해 얻은 자료를 적극적으로 해석하고, 함의를 발견하고자 했다. 다문화사회와 이주민 권리, 이주민 건강과 건강의 맥락적 구성주의에 주목하면서,

왜 이주민 건강증진에서 커뮤니케이션이 중요하고 필요한지에 대해 다양한 시각과 이론, 사례들을 바탕으로 살펴보았다.

3) 연구문제의 도출

헬스커뮤니케이션은 정보전달과 공유를 통한 건강문제에 대한 인식과 지식의 향상, 잘못된 인식의 교정, 건강 관련 태도와 행동의 변화를 목적으로 한다(Schiavo, 2007). 또한, 공공건강 및 헬스커뮤니케이션 프로그램을 통해 목표 공중의 특성을 이해함을 바탕으로 맞춤형으로 정보를 제공해야 한다(Kreuter & McClure, 2004). 헬스커뮤니케이션은 건강증진을 위한 행동에 참여하도록 촉구하고, 이를 위해 필요한 정보를 효과적으로 공유하는 것에 기반을 둔다(Brunton, 2004). 전략적이고 효과적인 '건강 개입(health intervention)'을 추진하기 위해서는 문화와 맥락의 복잡성을 이해하고, 건강문제를 겪고 있는 개인뿐 아니라 공동체의 참여 속에 메시지를 개발하고, 캠페인을 전개해야 한다(Freimuth, 2004). 특히, 목표 공중을 '우리와 다른 타자'나 수동적 집단이 아니라 공감과 동등의 시각을 바탕으로 적극적인 참여자로 바라보아야 하고, 건강문제를 분석하고, 해결책을 찾는 과정에서의 적극적 지지자로 대해야 한다(Schiavo, 2007). 이는 인간 상호작용과 사회적 맥락 및 건강의 관계에 주목하는 '건강의 맥락적 구성주의(contextual construction)'와 함께, 비판적 헬스커뮤니케이션 관점과도 연결된다. "건강의 맥락적 구성주의"는 질병은 사회적으로 구성되며(Giddens, 1998/2011), 문화는 질병과 건강을 인지하고, 해석하며, 대처하는 방식을 찾거나, 이를 제공하는 과정에 영향을 준다고 본다(Loustaunau & Sobo, 1994/2004; Radley, 1994/2004). 커뮤니케이션, 사회적 지지 등 사회관계와 건강의 관계에 초점을 두는 이 관점은 이주민 등 취약계층을 연구대상이 아니라 사회변화 과정의 참여자로 보고 '아래로부터(bottom-up)' 접근을 통해(Dutta, 2006) 이들의 목소리와 경험을 공유하면서 이들의 '임파워먼트'에 기여하고자 하는 목적을 갖는다.

메르스나 코로나 19 같은 감염병도 '대유행(pandemic)'으로 비화되는 과정에는 복잡한 사회, 경제, 기술, 보건, 정책적 환경이 영향을 주기 때문에 사회적으로 구성되는 질병으로 볼 수 있다(김은성, 2015). 또한, 의료는 물론이고, 질병과 건강을 이해하는 한 사회의 문화도 감염병에 대한 인식과 대처에 영향을 준다. 즉 바이러스의 독성이나 전염성 등 과학적 특성과 함께 전염병이 발생한 지역의 물리적, 사회적, 문화적 환경이 중요한데, 한국의 독특한 의료환경과 문화(간병문화 등)가 메르스 확산 과정에도 영향을 주었다고 한다. 커뮤니케이션 차원에서도 바이러스 등 위험 관련 정보를 신속하고 투명하게 공중들과 소통·공유하고, 이를 위한 전문인력과 조직을 확보하고, 지속적인 교육훈련과 지침 마련이 필요하다(Kim, 2015). 이는 보건정책, 나아가 보건을 바라보는 관점과 패러다임의 중요성을 보여준다. 특히, 질병과 건강을 생의학적 관점을 넘어 사회과학적 관점에서 접근하고 건강을 둘러싼 맥락을 중시하는 '건강의 맥락적 구성주의'와 연결된다. 이 과정에서 커뮤니케이션 중심 접근은 사회과학적 방법이자 건강을 둘러싼 맥락에 대한 인식과 이해, 소통, 공감이라는 차원에서 그 역할이 크다.

커뮤니케이션은 의료의 부차적 수단이 아니며 질환의 유형과 원인을 발견하고, 치료하는 과정에서도 필수적인 역할을 하며, 의료인 등 건강전문가의 커뮤니케이션 능력은 환자의 정서적 안정과 만족 및 회복에 영향을 주는 '사회적 지지'의 원천 역할을 한다(Parker, et al., 2009). 커뮤니케이션이 건강에 미치는 영향이 큼에도 불구하고 이에 관한 연구는 많지 않았다. 이는 질병과 건강을 과학과 의료 중심으로 접근하는 생의학적 관점이 오랜 기간 중시되면서, 다양한 사회적 맥락과 건강 간의 관계에 대한 연구가 소홀했던 것에 기인한다. 하지만, 이민자가 겪는 건강정보 접근 및 활용의 어려움과 축적된 '건강불평등'을 감안하면 건강문제에 대해 공동체가 인지하고, 예방하고, 행동하도록 유도하는 전략적인 커뮤니케이션의 중요성은 더욱 크다. 커뮤니케이션 차원의 개입은 전략적이고, 증거중심이어야 하며, 목표 집단에 영향을 주기 위해서 문화적으로 민감해야 한다(Kreps & Sparks, 2008). 즉, 목표 집단의 특성과 요구를 이해함을 바탕으로 구체적인 건강 메시지와 채널 전략을 수립해야 한다.

지배적 헬스커뮤니케이션 연구는 선형적 커뮤니케이션 효과 모델에 의존해 건강을 둘러싼 사회문화적 맥락을 외면하고 "위로부터(top-down)" 메시지 확산과 눈에 보이는 행동에 주목하면서 공동체의 예방 노력과 정책변화보다는 개인 책임을 강조해(Airhihenbuwa & Obregon, 2000; Seale, 2002/2009; Tulloch & Lupton, 1997), 건강문제를 비정치화·탈맥락화하는 경향이 있다. 반면 비판적 헬스커뮤니케이션은 취약계층이 건강이슈에 관해 그들의 시각으로 목소리를 내는 기회를 제공하고, 단순 정보전달을 넘어 사회적 지지를 제공해 공동체 차원에서 건강을 증진함으로써 다양한 사회활동을 적극적으로 할 수 있게 함으로써 '임파워먼트' 함을 목표로 한다. 나아가 비판적 헬스커뮤니케이션 패러다임은 건강에 대한 사회와 공동체의 책임과 문화적으로 적절하고 민감한 헬스커뮤니케이션에 주목하며, 고정관념과 편견을 극복하고, 이민자가 동등하고, 질 높은 건강관리 서비스를 받는데도 주목한다. 헬스커뮤니케이션, 특히, 비판적 헬스커뮤니케이션 관점과 선행연구들을 바탕으로 네 가지 연구문제들을 다루고자 한다.

먼저 이주민이 가진 질병과 건강에 대한 인식과 태도를 알아보고자 한다. 이는 연구대상이자 인터뷰 참여자인 이주민이 가지는 건강에 대한 인식, 믿음, 태도를 이해함으로써, 향후 이들의 건강증진을 위한 구체적인 커뮤니케이션 전략들을 도출하고, 나아가 정책대안 개발에도 유익할 수 있다는 점에서 중요한 연구의 시작 지점이라고 볼 수 있겠다. 서구에서는 소수민족이나 이주민이 질병을 숙명론이나 미신과 연계해 인식하는 등 질병과 건강에 관해 이색적인 믿음체계를 갖고 있고, 이것이 건강관리에 부정적 영향을 준다는 연구결과도 제시되고 있다. 한국에 거주하는 이주민의 건강 관련 인식과 태도에서는 어떤 특징이 발견되는지를 관찰하기 위해 아래의 연구문제를 제시한다.

연구문제 1. 이주민의 질병과 건강에 대한 인식과 태도는 어떠한가?

다음으로 이주민의 의료기관 이용 경험을 의료현장에서의 상호작용과 커뮤니케이션 경험 중심으로 조사하였다. 이를 통해 이주민이 의료기관을 찾는 이유와 그들의 의료기관 이용을 제약하는 요인은 무엇인지, 그리고 의료기관에서의 상호작용 시 어떤 대우를 받는다고 느끼고, 의료 상황에서의 커뮤니케이션에서 어려움은 무엇인지를 구체적으로 파악하고자 한다. 이를 통해 문화 간 의학적 상호작용의 문제점을 이해하고, 이주민의 건강증진을 위한 개선방안들을 심층적으로 알아보고자 한다. 연구문제 2는 아래와 같다.

연구문제 2. 이주민의 의료기관 이용과 의료현장에서의 커뮤니케이션 경험과 문제점은 무엇인가?

건강정보 습득과 활용, 공유 과정이 개인과 공동체의 건강과 건강행동에 미치는 영향은 크다. 사회적 소수자나 취약집단은 건강정보를 덜 찾고, 이는 건강정보 격차로 이어지며(Rooks, Wiltshire, Elder, BeLue, & Gary, 2012), 건강정보 커뮤니케이션에서의 격차가 의료서비스에 대한 불평등한 접근으로 이어질 수 있다는 연구들도 있었다(Niederdeppe, 2008; Viswanath & Emmons, 2006). 건강관련 커뮤니케이션, 즉 헬스커뮤니케이션에서의 불평등이 건강불평등으로 이어진다는 선행연구의 결과들을 참조해 이주민이 대인 및 미디어 채널을 통해 건강정보를 어떻게 습득하고, 어떻게 공유하는지, 각 채널에 부여하는 신뢰도는 어떠한지를 조사했다. 이 조사를 통해 이주민 건강증진을 위해 정부 등 관련 기관에서 어떤 커뮤니케이션 채널을 이용해 질병예방, 검진, 치료 등의 건강정보를 전파해야 하고, 어떻게 메시지 전략을 구성해야 할지, 또 이주민 간 건강정보 확산을 위해서는 어떤 커뮤니케이션 전략이 필요한지를 이해할 수 있을 것으로 기대된다. 연구문제 3은 아래와 같다.

연구문제 3. 이주민의 건강정보 습득 및 공유, 대인 및 미디어 채널을 통한 헬스커뮤니케이션 과정은 어떠한가?

커뮤니케이션을 통한 정확하고, 필수적인 건강정보의 제공은 개인과 공동체 차원의 건강에 영향을 미친다. 즉, 커뮤니케이션을 통해 건강한 행동을 유도하고, 건강하지 않은 행동을 중지하게 하거나 예방하는 등 건강에 긍정적 결과를 낳을 수 있기 때문에 커뮤니케이션 차원의 개입의 필요성이 커지고 있다. 이 점을 감안해 이주민의 질병 예방과 건강증진을 위한 커뮤니케이션 차원의 개입 전략과 방법은 무엇이 있는지를 탐색하고자 한다. 연구문제 4는 연구문제 1~3까지의 결과들을 종합해 이주민 건강증진을 위한 헬스커뮤니케이션 차원의 캠페인을 비롯한 다양한 커뮤니케이션 전략들을 도출하고, 제안하는 형식이 될 것이다. 연구문제 4를 통해 커뮤니케이션 차원의 전략들과 함께 정책 대안들도 모색될 것으로 기대된다. 연구문제 4는 아래와 같다.

> 연구문제 4. 이주민의 건강증진을 위한 커뮤니케이션 노력은 어떻게 이루어져야 하는가?

제1장

다문화사회와 커뮤니케이션, 이주민 권리

제1장 다문화사회와 커뮤니케이션, 이주민 권리

1) 다문화사회와 이주민 권리

독일 메르켈 총리는 2010년 10월 "다문화사회를 이룩하려던 독일의 시도는 완전히 실패했다," 영국 캐머런 전총리는 2011년 2월 "영국이 오랫동안 지속해온 다문화주의 정책은 실패했다," 프랑스 사르코지 전대통령은 2011년 2월 "공동체들이 공존하는 사회를 원하지 않는다"고 다문화주의 실패를 선언했다(오정은, 2012, 38쪽). 최병두(2014)에 따르면, 1990년대 경제침체와 신자유주의 정책으로 실업이 증가하고, 복지가 축소되면서 서구에서 선주민-이주민 간 반목과 이주민 정책에 대한 불만과 함께 다문화주의가 실패한 것으로 비난받으면서 갈등 원인으로 지목받은 다문화주의를 대체할 정책과 담론을 모색하게 되었다. 신자유주의 열풍이 고용 불안정과 복지축소로 이어지면서 반이민·반다문화 담론이 부상한 것도 '다문화주의 실패' 담론의 원인일 수 있다. '다문화주의 실패' 선언은 다문화주의 자체의 문제이기보다는 그 이상과 이념을 실천하는 정책의 실패이며, 이주민 정책 기조의 수정이 필요함을 보여준다. 대안으로 이주민의 삶과 요구에 대한 구체적 이해를 바탕으로 정책을 추진하고, 일방적 시혜가 아닌 상호인정과 교류에 비중을 두어야 한다. 이 점에서 건강과 같은 기본권이자 일상에서 직면하는 생활 문제들에 주목하면서 이주민의 시선과 경험을 근거로 문제들을 파악하고, 대안을 모색하는 연구가 더욱 필요하다.

한국에서 이주의 특징은 중국과 동남아시아로부터의 이주가 꾸준히 증가하는 가운데 결혼이주의 비중이 높다는 점이다. 즉 일자리를 위한 이주노동이 가장 많으면서도 한국사회 특유의 가족에 대한 집착과 맞물리면서 가족 형성을 위한 이주도 상당한 비중을 차지한다. 이러한 이주의 맥락 속에서 필요한 연구와 정책의 방향을 찾아야 한다. 이주의 증가는 세계적 현상인데, 선진국과 개발도상국 간 양극화, 선진국의 저출산 및 고령화와 개발도상국의 인구증가와 경제적 낙후 등의 요인들이 복합적으로 영향을 미친다. 특히, 교통 · 통신 · 커뮤니케이션 기술의 발전은 "초국적 이주 공간(transnational migration space)"과 국제적인 이주민 네트워크를 형성하게 해 국제이주를 촉진한다(김현경, 2008). 이렇듯 다문화 현상은 서로 다른 인종과 문화가 만나고, 부딪치고, 교류하고, 갈등을 겪고, 극복하는 과정에서 파생되는 자연스러운 현상이지만, 이에 따른 불평등과 갈등 문제도 동반한다. 특히, 이주민은 사회적 고립, 의사소통의 어려움, 문화 차이 등으로 문화적응의 어려움을 겪는다(최혜지, 2009).[1] 또한, 이들의 자녀들은 언어문제, 정체성 혼란, 신분 불안정, 학교 부적응으로 인한 일상의 어려움과 이중문화로 인한 '문화적 스트레스'(안정임 외, 2009, 54쪽)를 경험하며, 학교에서 소외나 왕따를 겪을 가능성도 높다(유의정 · 전형진, 2012). 이러한 현상의 이면에는 '이중적 인종주의'와 미디어를 포함한 커뮤

---

1) 2006년 "국제이주기구(International Organization for Migration)"는 전 세계적으로 이주민의 50% 이상이 만성적 정신장애, 정신적 외상, 기타 정신건강 문제를 보이며, 이주민의 정신건강 문제의 원인은 '차별'에서 초래된다고 주장했다(신의진 · 김영수, 2012).

니케이션의 문제가 있다.

2012년 여성가족부의 '다문화가족 실태조사'에 따르면, 사회적 차별 경험은 남부아시아(55.1%), 파키스탄(53.2%), 중국동포(45.5%), 몽골(45.3%), 필리핀(44.7%), 중국(42.9%) 출신이 높았고, 미국(28.5%)이나 일본(29.8%)의 경우 낮았는데, 이는 '이중적 인종주의'의 단면을 보여준다. 주류미디어가 백인은 지적이고 문화 수준이 높은 집단, 이주여성은 가족제도를 지켜주는 보호의 대상, 이주노동자는 일자리를 빼앗는 불법이라는 이미지로 묘사해 이중적 인종주의를 강화하기도 한다(안정임 외, 2009).[2] 다수의 사람들은 이주민 관련 문제를 직접 경험하기보다는 미디어의 메시지에 의존하는 경향이 있다는 점에서 이주와 관련한 문제는 일상과 정책의 문제이면서 동시에 담론과 이미지의 문제이며, 이 점에서 커뮤니케이션의 역할이 더욱 중요하다.

김남국(2005)에 따르면, 다문화사회의 유형은 크게 두 가지로 분류된다. 즉, 영국이나 독일 같이 비교적 동질적인 문화를 가졌던 전통적 국민국가들이 자본과 노동의 세계화와 이주노동자의 유입 또는 새로운 종교 유입에 따라 다문화사회로 진입한 경우와 캐나다나 미국처럼 처음부터 다양한 인종과 문화로 구성된 이민국가로 출발한 경우가 있다. 우리나라는 첫 번째 유형에 가까운데, 비교적 동질적 문화를 가진 전통적 국민국가 형태를 유지하다가, 이주민의 유입으로 빠르게 다문화사회로의 이행을 경험하는 상황에 있다. 한국 상황은 이민 역사가 짧고 소수민족 공동체가 부재하며 단독이민 형태가 많은 독일의

2) 〈러브 인 아시아〉에서는 동남아 출신 외국인이 한국에 잘 적응했고 감사하게 생각한다는 동정적 시각이 주류를 이루는 반면, 북미 · 유럽 출신이 다수인 〈미녀들의 수다〉에서는 한국문화를 희화화하거나 비하하는 내용이 주류를 이루는 등 재현의 방향에 문제가 있다는 비판도 있다(안정임 외, 2009).

'손님노동자(guest worker)' 모델에 가까운데, 충분한 다른 문화와의 접촉 경험이 없는 상태에서 이주민의 유입을 경험하고 있다(엄한진, 2011). 즉, 역사적 경험에 따라 이주와 이주민을 인식하고, 대하고, 지원하는 관점과 정책이 다를 수 있다.

한국사회는 외국인이나 타문화에 대해 관용적 인식을 보이면서 동시에 동화주의를 추구하는 경향이 공존하고 있다. 이런 상황에서 다문화교육이나 정책은 상호공존과 존중, 교류보다는 일방적인 동화, 즉 "한국화"에 치중하고 있다(윤인진 · 송영호 · 김상돈 · 송주영, 2010; 이창호 · 정의철, 2010). 이는 한국사회가 성별, 나이, 계층, 교육, 소득 수준에 따라 위계화되어 있고, 사회적 약자에 대한 배려가 취약하며, 공동체에 대한 신뢰가 부족하다는 관점(조병희, 2008)과도 연결된다. 즉 뿌리 깊은 단일민족 신화와 이주민에 대한 사회적 편견, 다문화교육의 미비, 시혜적인 다문화관련 정책 등이 복합적으로 작용해 다문화사회의 불평등과 갈등 구조를 만들고 있다. 그 결과 이주민은 생계, 교육, 의료, 문화와 여가, 사회관계 형성에서도 어려움을 겪고 있다. 특히, 이주민의 다수를 차지하는 이주노동자는 노동력 수급 관점에서 수용되기 때문에 이들의 문화적 권리는 고려되지 않고 있고, 일방적으로 동화 또는 편입되어야 할 대상으로 평가절하되고 있으며(정동규, 2009), 산업재해는 물론, 정치적 · 경제적 열악함과 커뮤니케이션의 제약으로 인해 건강권도 심각하게 위협받고 있다. 결혼이주여성에 대해서도 남성중심의 가부장주의를 강요하면서 출산과 양육, 가사노동의 관점에서만 수용하고, 이들의 다양한 권리들을 외면하는 경향이 강하다. 국제결혼으로 인한 자녀, 즉 다문화가정 아동이나 중도입국 자녀의 경우도 적응과 학습부진 등의 문제뿐 아니라 인종적 · 문화적 차이로 인한 학교에서의 따돌림을 비롯한 차별에도 노출되어 있다.

이주민에 대한 차별과 주변화는 한국뿐 아니라 다문화의 경험이 오래된 미국, 캐나다, 프랑스 등에서도 사회갈등의 중요한 원인이 된다. 최근에도 유럽 등 서구에서는 종교적, 문화적 차이와 갈등에 근거한 폭력과 범죄가 끊이지 않고 있다. 피부색이 다르거나 못사는 나라에서 왔다거나 종교가 다르다는 이유로, 또 이주민에 대한 '불법체류,' '범죄,' '질병' 등 사회와 미디어에 만연한 부정적 담론을 바탕으로 한 범주화와 '집단적 문제화(collective problematization)' 경향은 서구에서도 만연하다. 한 예로 2005년 이후 프랑스에서는 인종차별에 항의하는 이민자 청년들의 시위와 이에 대한 강경 진압이 여러 차례 반복됐고, 풍자언론에 대한 테러가 발생하기도 했다. 서구에서 수시로 발생하는 유색인종에 대한 '증오범죄(hate crime)'는 내재된 이주민에 대한 편견과 차별을 보여준다. 서구의 경우를 보면, 이민자(특히, 비백인 유색인종 이민자)가 늘면서 공적 담론에서 이주민이 내국인의 고용을 빼앗고, 국가와 민족 정체성과 통합을 저해한다는 관념과 담론이 팽배해지고 있다. 이는 이주민에 비우호적 정책과 일상에서 이주민의 주변화와 권리 제한으로 연결된다(Bauder, 2008a, 2008b; Hier & Greenberg, 2002). 또한, 이주민은 언론 등 미디어에 의해 그들의 이미지가 왜곡되는 등 차별을 받고 있고, 건강, 복지, 문화 등 기본권 보장이 제한되는 등 다층적 억압 상태에 놓여 있다(Greenberg & Hier, 2001; O' Doherty & Lecouteur, 2007).

다문화와 관련한 문제에 대한 해결책을 모색하기 위해서는 그 현상의 사회·역사적 맥락에 대한 이해를 바탕으로 접근해야 한다. 이주와 다문화의 역사가 깊고, 이주민 등 소수자 운동이 축적되어왔으며, 이들의 문화적 생존, 커뮤니케이션 권리 등이 상대적으로 중시되어 온 나라들에서도 정치적·경제적 권리나 건강, 인권 등 기본권에서 불평등이 존재하며, 갈등이 표면화되고 있다. 한국의 경우 다양한 영역들에서의 불평등이 존재하는 가운데, 이주민의 커뮤니케이션 권리 부재, 이주민에 대한 왜곡된 담론과 소수자 문화 보호 문제가 함께 부각되고 있다.

한국정부의 다문화정책은 이주민을 위한 통번역 서비스, 한국어 교육 등 한국사회 정착과 적응을 위한 교육이나 서비스 제공에 초점을 두고 있다. 이주민을 위한 통번역 서비스와 한국어 교육, 취업 정보도 당연히 필요하지만, 건강을 포함한 기본적 권리를 보장하기 위한 정책도 시급하다. 이주민을 동정의 대상으로 보거나 노동력 부족이나 저출산 문제를 해결하는 도구로 보는 시각은 그들의 정착과 적응에 국한된 근시안적 정책을 낳고, 이들의 건강권 등 기본권에 대한 대안 부재로 연결된다. 특히, 이주노동자와 결혼이주여성은 정치 · 경제 · 문화 · 언어적 제약으로 의료서비스에 접근과 이용은 물론 건강정보의 획득 등 헬스커뮤니케이션에서도 어려움이 크다. 이주민이 건강영역에서 겪는 구조적 제약은 다문화사회 건강불평등이라는 새로운 문제를 일으킬 수 있다는 점에서 그 대책이 모색되어야 한다.

2) 이주민의 건강과 커뮤니케이션

건강은 인간의 기본적 욕구이며 건강해야 일을 할 수 있으며, 다양한 사회적 관계를 맺고, 사회활동을 수행할 수 있다(정진주, 2010). 건강권은 모든 사람이 건강함을 유지할 수 있는 조건에 있어야 하고, 필요할 때 치료받을 수 있어야 한다는 권리이다. 이주민의 건강권은 노동권, 거주권과 함께 이들의 일상과 복지에서 핵심 요소가 된다(김준겸, 2009). 1978년 WHO의 후원하에 체결된 UNICEF의 Alma-

Ata 선언은 건강을 기본적 인권으로 보고, 건강한 사회를 위해 건강관리 시스템의 변화와 다양한 관련 분야들의 협력 및 공동체의 조직화가 필요하다고 주장했다(Hong, 2004).[3] 이 선언은 기본권으로서 건강을 강조하면서 의료적 개입과 함께 커뮤니케이션과 사회적 지지 등 공동체 차원의 노력이 이주민과 같은 사회적 약자의 건강증진에서 중요함을 강조하고 있다. 즉 필수적이고 정확한 건강정보의 확산과 공유, 적절한 사회적 지지 제공, 의료현장 커뮤니케이션에서의 상호작용 강화 등의 노력을 통해 건강불평등 문제를 개선하고, 이주민의 건강증진을 도모할 수 있다.

다문화사회는 구성원의 언어, 민족, 문화적 배경이 다양한 상태 그 자체가 아니라 공동체를 구성하는 집단들이 공평한 기회를 갖게 되면서 언어, 민족, 문화집단 등의 가치가 무시되거나 비하되지 않는 상태를 의미한다(윤재희 · 유향선, 2009). 이를 위해서는 다문화정책이 이주민을 적응이나 통합의 대상으로만 간주하지 말고, 이들을 공동체에서 주체적이고 동등한 주체로 간주해야 한다. 즉 다문화사회는 이주민의 건강권 등 일상을 위한 기본권과 커뮤니케이션할 권리 등 문화적 권리를 존중하는 방식으로 발전해야 한다. UNESCO는 한국을 다문화국가로 정의한 바 있지만(장한업, 2009), 2007년 10월 UN의 인종차별철폐위원회는 우리나라에 대해 외국인에 대한 인종차별적 제도를 개정하고, 혼혈인, 단일민족 등 차별적 용어의 사용을 자제할 것을 요구하기도 했다(김은미 · 양옥경 · 이해영, 2009). 한편, 이주민의 건

3) WHO의 오타와 헌장(WHO, 1986)과 자카르타 선언(WHO, 1997)에서는 건강증진의 핵심을 사회구조적 결정요인, 평등, 건강한 행동, 의료화의 감소, 공동체 참여와 권한부여, 건강을 위한 전문적인 중재(mediation)와 지지라고 주장한다(Commers, Visser, & De Leeuw, 2000).

강에 관한 정보 습득과 활용, 사회적 지지 획득과 건강관리에서도 어려움이 있을 것이며, 이에 대한 커뮤니케이션 차원의 개입이 필요한 상황이다.

이주 경험은 본국에서 쌓아온 사회관계의 단절과 거주국에서의 생소한 환경과 문화에 적응하기 위한 스트레스를 동반하며, 낯선 의료체계를 마주하면서 병의원 등 의료서비스 이용에서도 어려움을 야기할 수 있다. 또한, 이주민은 제도적 차별뿐 아니라 커뮤니케이션 장애와 사회적 지지 부족으로 인해 건강에 대한 불확실성을 더욱 높게 경험하고, 동시에 폭력과 스트레스, 질병 등의 건강위험요인들에 더 많이 노출되어 있다(Meyer, 2001). 또한, 사회에서 일상적으로 경험하게 되는 인종주의나 차별은 이주민을 스트레스와 고혈압, 심장병 등에 더 취약하게 할 수 있다(Brondolo, Gallo, & Myers, 2009). 이 점에서 이주민이 직면한 의료와 건강관리에 대한 접근과 활용의 제약과 건강정보습득과 공유 등 커뮤니케이션의 어려움을 적극적으로 고려하면서 문제점을 분석하고, 대안을 제시하는 노력이 요구된다.

앞서 언급한, 이민자가 상대적으로 건강하다는 "건강한 이민자 효과"는 비교적 젊고 건강한 사람이 자신과 가족을 다른 나라로 이동시킬 수 있다는 점에 근거를 두지만, 선행연구에 의하면 이 효과는 시간이 흐를수록 감소한다(Gushulak, et al., 2011; Kobayashi, Prus, & Lin, 2008; Sanchez-Birkead et al., 2011). 즉, 이주한 새로운 공간에서의 낮은 사회경제적 지위와 언어적 · 문화적 차이 및 의사소통 능력 부족이 결합되면서 스트레스를 낳고, 의료기관을 포함한 건강관리 시설과 서비스 이용에서 더 큰 어려움을 경험할 가능성도 크다. 이주민의 건강상태 악화는 다수자의 이주민에 대한 부정적 태도, 언어문제, 가족과 공동체로부터의 분리로 인한 사회적 지지 부족 등이 원인이 될 수 있는데(Thompson, et al., 2000), 이는 스트레스와 불안, 불만족 등을 야기할 수 있다. 미국의 경우 인종적 소수자 등 사회적으로 취약한 집단은 백인이나 사회경제적 지위가 높은 집단에 비해 건강정보를 덜 찾고, 이는 헬스커뮤니케이션 격차와 함께 건강격차로 이어진다고 한다(Rooks, et al., 2012). 또한, 히스패닉 이민자 여성이 가지는 건강이나 의료시스템에 대해 갖는 부정적 관점과 경험이 건강관리 시스템을 더 적게 이용하고 만족도가 더 낮은 것으로 이어진다고 한다(Sanchez-Birkead et al., 2011). 종합하면, 건강과 관련한 커뮤니케이션은 정보전달과 획득의 문제를 넘어 사회적 지지를 제공하며, 실제 건강상태와 관리를 위한 행동에 영향을 줌을 알 수 있다. 또한, 건강에 관해 개인과 공동체 차원에서 축적되어 온 지식, 믿음, 태도, 관행 등이 커뮤니케이션을 통해 건강에 좋은 방향으로 개선될 때 건강증진이라는 변화를 낳을 수 있다.

'의료화(medicalization)'는 비의학적 현상으로 여겨지던 동성애, 알코올중독, 비만, 우울증 등을 질병이나 의학적 개입이 필요한 현상으로 규정함으로써 의료전문가가 권력을 확대하는 과정이며, 일상 전반에 의료의 권위가 확장되는 결과를 낳는다(김환석, 2014). 또한, 흡연, 음주, 운동, 식생활 등에 대한 의학적 개입과 의료전문가의 권위가 강조되면서 건강위험행동에 영향을 주는 가난, 교육수준, 차별 등의 사회구조적 요인들이 무시되는 관행으로 이어진다(Clareke & Amerom, 2008). 의료화와 연결되는 생의학적 관점은 의학이 질병을 이해하고 질병에 대처하는 데 유일하고 타당한 설명을 준다고 보면서(Nettleton, 1995/1997), 건강을 둘러싼 사회문화적 맥락에 주목하지 않는다.[4] 이

4) '의료화'는 건강이 해석되고, 대안이 논의되는 렌즈로 작동하는데, 의학 문제로 여겨지지 않던 고령, 출산, 음주, 어린이 행동까지 의학전문기술을 적용시키면서 의

러한 의료화와 생의학적 관점에 대한 대안으로서 건강취약 계층을 포함한 시민들에게 필수적인 건강정보와 지식을 소통함으로써 건강증진에 기여하고자 하는 커뮤니케이션의 역할이 부각되고 있다. 이는 사회에 내재한 인종주의, 차별, 편견 같은 구조적 요인이 이주민의 스트레스와 건강문제의 원인이며, 이는 건강관리에 대한 접근 및 이용을 제한하고, 건강 격차를 증폭시킨다(Myers, 2009)고 보는 관점이다.5) 앞서 언급한 것처럼 헬스커뮤니케이션, 특히, 비판적 헬스커뮤니케이션 관점은 건강문제를 사회과학적으로 분석하면서 커뮤니케이션을 통한 정보와 지지 제공이 건강불평등을 줄이면서 의료와 건강관리의 혜택을 배가할 수 있다고 보며, 이를 위한 전략적이고 효과적인 커뮤니케이션 방식에 주목한다.

건강을 의과학 문제로만 해석하거나 정치적으로 중립적 현상으로만 보아서는 안 되는 이유는 무궁무진하다. 건강정책 입안자나 의료인들은 '의학적 자민족주의(medical ethnocentrism)'의 영향으로 이민자들의 특성에 무관심을 넘어 무지하고, 이민자와 같은 소수자들을 다룰 때는 특정 질환 중심으로 고정관념이나 낙인을 갖고 대하는 경향이 있다(Parra & Mateo, 2007). 또한, 사회적 소수자나 약자들이 건강관리에서 겪을 수 있는 주택, 식생활, 비용, 커뮤니케이션의 문제에는 둔감한 경향이 있다. 이주민이나 인종적·언어적 소수자들은 주류 의료체계로부터의 고립감이나 부정적 경험으로 인한 회피와 두려움 같

료가 강력한 사회통제기구 역할을 하게 만들며, 그 결과 사회적 원인을 가진 우울증 등의 증상에 대해 기능적(의학적) 해결책만 강조해 질병의 원인을 탈정치화시키기도 한다(Nettleton, 1995/1997).

5) 민족성(ethnicity)은 건강위험 노출, 건강행동, 대응 자원에 영향을 주며 민족 관련 변인들(문화적 믿음, 식습관, 가족구조 등)도 스트레스와 건강에 영향을 준다(Brondolo, et al., 2009).

은 감정을 갖는 경우도 많다고 한다(Aldoory, 2001). 소수자뿐 아니라 내국인들도 의료기관에서 의사 등과의 대화가 부족하고, 환자의 상황에 민감하지 못한 의료인들의 커뮤니케이션에 불만족하는 경우가 많은 현실이다. 이러한 일방적이고 엘리트 중심의 의료커뮤니케이션에 대응해 환자와 시민의 건강증진을 위한 커뮤니케이션 노력의 필요성이 커지고 있다. 특히, 건강증진을 위한 정책에서 주변화되고, 의료서비스와 혜택에서 차별받을 가능성이 높은 이주민들의 건강문제를 공론화하고, 문제점을 찾아 적극적으로 대안을 제시해야 할 시점이다.

3) 왜 건강과 커뮤니케이션인가?

의료적 기술이나 지식이 아닌, 커뮤니케이션이 왜 건강에 미치는 영향이 클까? 이 장에서는 이러한 물음에 대해 다양한 시각과 이론을 통해, 또한, 사례들을 통해, 접근하고, 이해하고자 한다. 커뮤니케이션은 특정 주제에 대한 사람의 인식과 지식의 형성에 기여하며, 잘못된 인식을 바로잡아 주기도 하고, 없던 인식이나 개념을 형성시켜 주는 역할도 한다. 커뮤니케이션은 인식이나 이미지, 담론에 대한 영향을 넘어 개인과 공동체의 태도와 행동을 변화시키고, 상호작용을 촉진하며, 구체적인 정책과 사회의 변화를 이끌 수 있다. 그래서 많은 정치와 경제계 등에서 리더들이 소통정치, 소통경영을 강조하기도 하며, 수업에서도 소통하는 방식이 필수적이 되고 있다. 커뮤니케이션 없는 일상이나 조직 활동, 업무성과, 사회관계 형성은 상상하기 어렵다. 건강이라는 중차대한 문제에서, 건강관리라는 삶의 핵심 영역에서, 또 의료기관이나 보건당국 등의 조직에서 커뮤니케이션의 중요성은 그 주제의 비중만큼 더욱 커진다.

커뮤니케이션의 역할과 의미에 대한 이해와 함께 건강에 대한 새로운 관점도 필요하다. 건강은 생의학적 현상이기도 하지만, 사회적·문화적·행동적 요인의 산물이다. 즉, 건강은 흡연, 음주, 운동, 스트레스 등 개인의 라이프스타일과 함께, 개인 또는 가족이나 집단이 처한 계급, 지역, 인종, 젠더 등의 사회구조에 의해 심대한 영향을 받게 된다(Nettleton, 1995/1997). 또한, 문화나 사회적 맥락에 따라 질병이나 건강관리에 대한 인식이 다르고, 그 대처 방식도 다르게 나타날 수 있다(Radley, 1994/2004). 이는 건강을 질병 유무에 대한 의학적 판단이나 개인적이고, 눈에 보이는 행동 중심으로만 볼 것이 아니라, 사회문화적 맥락에 대한 이해를 바탕으로 분석해야 함을 뜻한다.

미국의 CDC(Centers for Disease Control and Prevention: www.cdc.gov/sdoh)도 사회경제적 지위, 주택, 운송수단, 서비스 접근성, 인종, 젠더, 계급 등에 따른 집단들에 대한 차별과 '사회적·환경적 스트레스원(social and environmental stressor)'이 건강에 영향을 준다고 규정했다(Clarke & van Amerom, 2008). WHO(세계보건기구)는 건강함을 질병 부재나 쇠약하지 않은 상태를 넘어 육체적·정신적·사회적 안녕을 이룬 상태로 정의했다(Nettleton, 1995/1997). 또한, 건강을 인간이 복리를 누리는 상태이자 사회·경제적 정의와 분리될 수 없고, 건강권은 치료권뿐 아니라 교육과 정보제공, 건강유지를 위한 커뮤니케이션과 연결된다고 주장했다(Usdin, 2007/ 2012). 나아가 개인의 축적된 삶을 통해 형성된 사회적·심리적 요인과 건강 관련 정보·지식수준과 욕구, 사회관계망과 커뮤니케이션도 건강에 큰 영향을 준다. 실제로 의학적으로 질병이 확정되지 않았지만 아프고 고통을 느끼며, 그로 인해 노동과 사회활동 등 일상이 불가능한 경우도 있다. 이 점에서 건강을 질병에 대한 의학적 진단과 치료 중심으로 좁게 해석하는 접근이 아니라 사회에서 역동적인 활동과 상호작용을 가능하게 하는 조건 중심으로 접근하는 새로운 건강 패러다임이 요구된다.

선행연구에 의하면, 90% 정도의 건강문제 진단은 듣기, 증상에 대한 주의 깊은 숙고, 질병 역사에 대한 이해와 관심 등 커뮤니케이션 차원의 노력에 의해 이루어진다(Mukherjee, 2004). 의료현장에서 적극적인 커뮤니케이션을 통해 환자가 이야기하는 질병 경험을 경청하고, 의학적 판단과 별개로 그들이 겪는 '아픔(sickness)'으로 인해 사회적 활동과 일상이 어떤 지장을 받고 있는지를 파악하는 노력이 중요하다. 그럼에도 불구하고, 이러한 커뮤니케이션 노력을 의료현장에서 찾아보기는 어려우며, 이는 커뮤니케이션을 더욱 강조해야 하는 이유이기도 하다. 질병 예방과 건강증진을 위해서는 식생활, 운동, 질병, 상담, 검진, 치료 등에 관련한 유익한 정보 공유를 통해 공중의 인식과 태도, 행동을 형성, 유지 또는 변화시키려는 노력이 필수적으로 요구된다. 최근에는 이주민뿐 아니라 의료관광 등을 위해 입국하는 외국인 환자와 유학생도 증가하면서 의료현장에서 다문화적 상호작용이 중요해지고 있으며, 문화적 민감성을 바탕으로 한 커뮤니케이션의 역할이 더욱 요구되고 있다.

질병 및 건강에 대한 정보는 환자가 질병의 과정을 이해하고, 적절한 지식을 바탕으로 의학적 선택을 하도록 도와준다. 암 환자의 대다수(78~98%)도 그들의 질병에 관해 더 많은 정보를 얻기를 원했다(Talosig-Garcia, & Davis, 2005). 특히, 유방암 환자의 83%는 그들의 질병에 대해 최대한 많은 정보를 원했고, 91%는 추가적인 치료를 시작하기 전에 예후에 대해 알기를 원했지만 의사는 환자가 원하는 정보에 대해 잘 모르고 있었고, 효과적으로 전파하는 방법에도 익숙하지 않았다(Parker, et al., 2009). 이런 점들은 의료현장에서 상호적인 커뮤니케이션이 환자의 만족과 회복에 기여할 수 있다는 점과 함께 의료인 등 보건전문가들도 효과적인 커뮤니케이션 방법에 대해 학습해야 함을 보여준다. 즉 의료나 보건전문가가 커뮤니케이션 전문가는 아니며, 의료와 건강에서 커뮤니케이션의 중요성을 고려하면 이들 전문가들이 커뮤니케이션 능력을 키울 수 있는 교육과 노력이 필요하다. 그렇지만, 연구결과에서도 나오지만 유감스럽게도 의료현장에서 의료전문가들의 커뮤니케이션 역할에 대한 인식도, 이들의 커뮤니케이션 능력 향상을 위한 교육도 부재한 상황이 이어지고 있다.

커뮤니케이션의 목표는 지식, 태도, 믿음, 동기, 인간 상호작용에서의 변화이다. 커뮤니케이션은 건강을 포함한 주요 이슈에 대한 인식을 높이고, 왜곡된 정보가 전달·확산되는 사이클을 깨고, 태도를 바꾸며, 상호작용을 강화하고, 전문성과 기술을 갖추는 것을 돕는 것을 포함하는데, 이러한 커뮤니케이션 목표가 개인행동과 공동체의 변화를 성취하기 위한 첫 단계가 된다(Schiavo, 2007). 커뮤니케이션 목표의 설정과 성취를 위한 시도는 질병예방과 건강증진 영역에서 중요한 단계로 볼 수 있다. 즉 커뮤니케이션은 유익하고, 필수적인 정보제공뿐 아니라 따뜻한 보살핌과 지지를 공유하는 계기를 만들 수 있다. 즉, 커뮤니케이션을 통한 유대, 연민, 공감의 형성과 지지 제공은 건강에 대한 불확실성과 불안을 줄이고, 자기통제감을 높여 환자의 의료에 대한 만족과 회복에도 기여할 수 있다(Stephens, et al., 2004). 반면 의료현장 등 건강관리 상황에서, 의사소통 문제들은 스트레스와 불안을 증폭시킬 수 있고, 이러한 경험이 후속적인 상담, 검진, 치료 등의 서비스를 찾지 않게 만들 수도 있다. 의료와 건강관리가 전문적 영역으로 간주되면서 전문가와 비전문가인 일반인들 사이의 지식 격차가 크다는 점도 의사소통의 문제를 증폭시키는 원인이 된다.

적절하면서 공감적인 커뮤니케이션은 의료는 물론, 최선의 건강관리 결과를 가져오는 데 핵심적 역할을 한다. 커뮤니케이션은 단순 정보전달을 넘어 설득과 공감, 지지를 공유하는 과정이다. 의료인–환자 상호작용에서 커뮤니케이션 노력은 상호이해, 지식 공유, 공감에 근거한 건강 관련 결정을 낳고, 이는 환자의 건강에 긍정적 결과로 이어질 수 있다(Williams, et al., 2008). 의료현장에서 공감적인 커뮤니케이션은 환자뿐 아니라 의료인에게도 만족과 보람을 더 느끼도록 할 수 있다. 이 점들을 종합하면, 의료적 상호작용과 건강관리 과정 전반에서 커뮤니케이션은 부차적이 아니라 중추적 역할을 한다는 점을 알 수 있다.

앞서 언급처럼 이주민은 전통적인 건강 관련 믿음과 태도, 행동을 출신국으로부터 가져오면서 이주한 나라에서의 의료시스템이나 건강 관련 문화와의 갈등을 경험할 수 있다. 언어, 제스처나 얼굴표정, 개인적 공간 개념 등 비언어적 커뮤니케이션은 문화에 영향을 받기 때문에 다문화적 의료 상황에서 문화적 차이에 민감하게 반응해야 한다(Hearnden, 2008). 또한, 소득·교육 수준이 낮거나 언어적 소수자의 경우 질병 예방과 건강증진에 필요한 정보에 대한 접근과 이용에서 배제되거나 소외될 수 있다(Clayman, Manganello, Viswanth, Hesse, & Arora, 2010).[6] 이 점에서 이주민 등 사회적 약자나 소수자들에게 건강정보를 알리고 소통하는 노력이 더욱 필요하다.

커뮤니케이션이 사회문화적·언어적 소수자의 건강에 영향을 준다는 연구결과는 많다. 미국에서 히스패닉 이민자는 비만, 고혈압, 심장

6) 이주민이 갖는 주류사회와는 다른 문화적 믿음이나 관행이 건강에 부정적 영향을 줄 것이라는 것은 고정관념에 바탕을 둔 연구결과일 수도 있다(Hunt, Schneider, & Comer, 2004).

병 등에 더 많이 걸리는데, 사회경제적 조건, 건강에 대한 믿음, 병의원 등 건강관리 시스템 이용 시의 부정적 경험, 시민권 상태, 의료보험 부재, 언어 장벽, 교육수준이 미국 도착 후 그들의 건강상태 악화에 기여했다고 한다(Sanchez-Birkead, et al., 2011). 미국에서 이민자들은 언어, 문화, 미디어 이용 등에서의 차이로 인해 건강정보 습득에 어려움을 겪고, 영어를 잘 못할수록 건강정보 접근에 취약했다고 한다. 미국의 중국계 이민자의 유방암 검진에 관한 연구에서도 커뮤니케이션이 건강에 관한 지식을 높이고, 검진 등 건강한 행동의 채택에 긍정적 영향을 줌을 밝힌 바 있다(Sun, Zhang, Tsoh, Kim, & Chow, 2007). 터키에서 진행된 유방암 검진 및 예방에 관련되는 요인에 관한 연구를 보면, 문화적 믿음 요인의 영향이 크게 나타났다. 즉 남성 의료인에게 검진받는 것을 주저하는 것, 남성 가장의 영향력, 아이와 가족의 요구에 본인 건강관리 보다 더 큰 우선순위를 부여하는 관행, 작은 증상에 주목하지 않는 경향들이 복합적으로 작용해 유방암 검진을 방해하는 요인으로 작동했다고 한다(Secginli & Nahcivan, 2011). 선행연구에 의하면, 한국에서 이주노동자는 고강도 장시간 노동으로 인한 근골격계 질환, 위장장애, 만성질환과 함께 소음, 분진 등 작업환경으로 인한 호흡기계 질환이나 피부질환도 흔하게 겪는다고 한다. 또한, 2017년 5월 기준 한국 노동자 산재발생률 0.18%에 비해 이주노동자는 1.16%로 약 6배 높았고, 우울증 등 정신질환에도 더 취약했다. 결혼이주여성의 모자보건과 관련된 건강문제도 심각했는데, 이는 이주 후 1년간 86.3%가 임신하는 것과 연관되고, 한국에 정착하면서 문화적·언어적 차이에 직면하면서 출산을 경험함으로써 모자 모두에게 육체적·정신적 문제와 함께 산전관리에도 어려움이 크다고 한다(신유나·하세가와 사오리·최규진, 2019. 42-43쪽).

따라서 언어적·문화적으로 이주민 등 목표 공중에게 호소할 수 있는 예방·검진 프로그램이 요구되며, 이에 대한 적극적인 홍보 노력도 필요하다. 아울러 건강정보에 대한 접근과 이용의 불평등 및 건강지식 격차를 해소하는 것은 이주민 등 취약한 그룹의 건강증진에 필수적이다. 다문화를 훨씬 빨리, 또 큰 규모로 경험한 서구의 사례를 볼 때, 이주민의 건강증진을 위해서는 전략적이고, 상호적인 커뮤니케이션 개입이 시급하다. 즉 이주민이 직면한 사회문화적 환경과 특성을 고려하면서 건강정보와 사회적 지지를 전략적으로 제공하는 커뮤니케이션 노력이 중요하다. 이를 위해서는 건강에 관한 이주민의 경험과 요구를 체계적으로 파악하고, 이해하며, 분석하는 노력이 선행되어야 한다.

제2장

다문화주의와 다문화정책

제2장 다문화주의와 다문화정책

커뮤니케이션 기술 발달은 문화적·인종적 소수집단들이 그들 집단 내에서, 또 주류사회 등 다른 집단과 활발한 커뮤니케이션을 할 수 있는 여건을 제공하고 있다. 커뮤니케이션 기술의 발전은 정치적·경제적 주제는 물론, 건강에 관한 정보를 공유하면서 건강증진을 모색하기에 유리한 여건을 조성하고 있다. 이러한 상황에서 다문화정책과 다문화사회에 대한 성찰을 바탕으로 이주민의 삶과 권리에 대해 고민할 필요성이 커지고 있다.

다문화주의는 민주주의적 이상과 문화적 다원주의, 기회균등을 전제로 하며(Banks, 1997), 민족적·문화적 다양성이 사회를 유지하는 기본원리가 되고, 집단별 차이를 인정하며 공존하는 데 중점을 둔다(전숙자 외, 2009). 사람들의 왕래와 생활양식의 교류가 증가하면서 문화의 접촉·변형·교섭이 확대되는 현상을 다문화주의 관점을 통해 설명할 수 있다(원진숙 외, 2010). 조화로운 다문화사회는 차별 없이 사회, 경제, 문화적 권리를 향유하고, 다양한 인종과 민족이 공존하며 사회적 평등함이 지향되는 사회이다. 다문화사회의 양상은 각 나라가 가지는 역사와 문화적 맥락에 따라 다르게 나타난다. 정부가 개입해 소수자의 문화를 지원하고, 인종, 종교, 문화 간 대등한 관계의 소통과 교류에 초점을 두는 다문화주의를 추구하는 나라와 동화를 추구하는 나라들로 나누어 볼 수 있다(김은미 외, 2009). 현실에서는 다문화사회 도래가 건강 등 기본권과 복지의 영역에서 집단 간 불평등을 심화시킬 수 있다는 우려도 제기된다. 이 장에서는 이주민의 건강을 맥락 중심으로 심층적으로 알아보고자 하는 목적을 갖는다.

1) 다문화주의의 이해

1970년대 초 캐나다에서 처음 "다문화주의"라는 용어가 사용된 후, 인종, 민족, 장애인, 소수자 집단까지 이 개념의 적용 범위가 확대되고 있다.[1] 다문화주의는 국적, 체류자격, 인종, 문화, 성별, 연령, 계층에 관계없이 모든 사람이 보편적 권리를 가지고, 삶의 방식이 존중되어야 한다는 관점으로 정의할 수 있다. 또한, 다문화주의는 동질적인 전통적 국민국가가 국가공동체 내에서 다양한 소수집단들의 등장으로 다원화되어가는 과정을 가리키는 서술적 의미이자 사회적 소수자의 정체성을 인정하고 공공영역에서 이들의 지위를 보호하기 위한 규범적 의미도 함께 가지고 있다(김남국, 2010). 즉 다문화주의는 소수집단의 등장으로 다원화되는 과정 그 자체를 지칭하면서 동시에 소수자의 정체성과 그들의 사회적 지위를 인정해야 한다는 규범이나 정책의 방향을 뜻하기도 한다. 단순한 과정이나 현상을 넘어 규범이나 정책의 관점에서 다문화주의를 이해할 경우 이들이 겪는 불평등이나 차별 문제를 적극적으로 제기하고 해소하기 위한 노력이 다문화주의에 동반된다고 해석할 수 있겠다. 아래 〈그림 2-1〉은 선행연구들을 참고해 다문화사회의 과제에 대해 정리한 것이다.

---

1) 캐나다의 다문화주의는 1971년 이래 정부 정책 가이드라인이자 캐나다 사회 구성에 대한 국가 담론의 토대이며 민족적 · 인종적 다양성 인정과 사회활동 참여에의 평등한 권리를 보장하는 원칙이다(Mahtani, 2002).

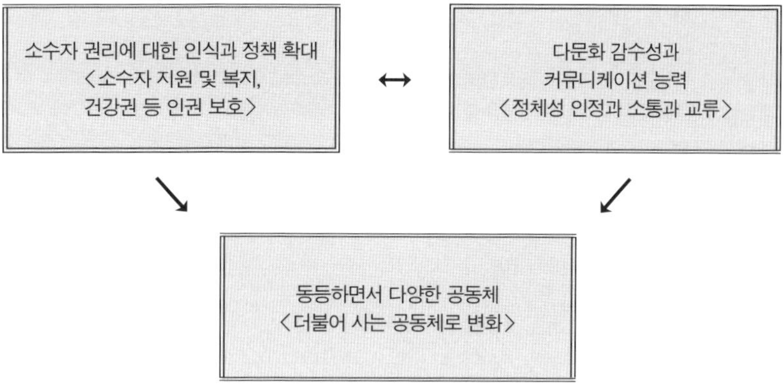

〈그림 2-1〉 다문화사회의 과제

다문화주의를 넓게 해석하면 "사회적 소수집단의 정체성과 문화적 이해를 공공영역에서 적극적으로 인정하려는 일련의 흐름"으로 정의된다(김남국, 2005). 다문화주의는 안정성, 동질성, 순수성을 넘어 유동성, 다양성, 혼혈성을 인정하고 다양한 문화가 상황에 따라 변화하는 '재즈(jazz)'라는 동적 이미지를 강조한다(하윤수, 2009).[2] 문화들이 공존하고 존중되기 위해서는 주류사회가 다문화 현상들을 체험하고, 이해하려는 노력이 필요하다. 소통과 교류, 이해를 위한 시도와 함께 사회에 만연한 고정관념, 차별, 불평등을 공론화하려는 커뮤니케이션 노력도 동반되어야 한다.

다문화사회 1단계는 인종적·문화적 소수자가 증가하면서 다수와 소수 사이의 권력 관계가 역전되지 않음을 전제로 관용하는 단계, 2단계는 다수의 동의를 전제로 차별금지를 제도화하는 단계, 3단계는 소

2) 장애, 성별, 계층, 성적 취향, 연령 등의 차이에 의한 다양성도 다문화 현상의 한 부분이지만 이 책에서는 주로 이주로 인한 다인종화·다민족화의 흐름으로 인해 나타나는 사회·문화적 다양화를 다문화 현상으로 이해하고자 한다.

수의 문화적 표현을 공공영역에서 인정하면서 소수집단을 위한 정책을 만드는 단계로 분류할 수 있다(김남국, 2010). 1단계에서는 경제적 권리가, 2단계에서는 정치적 권리가, 3단계에서는 소수집단의 정체성 인정과 문화적 생존 및 커뮤니케이션 권리가 중시된다. 한국은 2000년대 이후 일정 요건을 갖춘 외국인을 '주민'으로 인정하고, 지방선거 선거권과 주민투표권, 주민소환투표권을 부여해왔다.3) 이주민에게 지방선거 참정권 부여는 '국민'–'주민' 구별에 근거하며, 국정 선거 참여권은 '국적을 보유한 국민'의 권리이지만 지방선거 참여권은 '실제 그곳에서 살고 있는 주민'의 권리라는 점을 인정한 것으로 해석된다(남지민, 2012). 이주민을 위한 다양한 정책들에도 불구하고, 이주민의 불안정한 체류자격과 건강권, 인권과 복지 문제, 정체성과 커뮤니케이션 권리문제가 더욱 개선되어야 하는 상황에 있다.

다문화주의가 다문화사회 갈등을 줄이는 방법으로 간주되지만 인종주의적 불평등 구조를 감출 수 있다는 비판도 있다. 특히, 자유주의적 또는 영미식 다문화주의는 관용과 다양성 담론을 바탕으로 불평등 구조를 감추고 갈등을 줄이고자 하지만, 결국 이주민의 동화와 순응에만 기여한다고 비판받기도 한다(Jakubowicz, 2006). 자유주의적 다문화주의는 모자이크형 사회에서 구조, 특성, 범주라는 개념을 강조하고, 차이를 '공간화'하며 법적 보호 장치를 만들고, 문화적 상대성을 인정하고 학교 등 공공기관에서 차이를 표현하도록 한다. 또한, 집단을 범주화하고 경계선을 획정함으로써 개인의 자율성을 경시하

---

3) 2005년 8월 개정된 공직선거법 제15조 제2항은 <출입국관리법> 제10조(체류자격) 규정에 따른 영주자격 취득 후 3년이 경과한 19세 이상이면서 선거인명부작성기준일 당해 지방자치단체의 외국인 등록 대장에 등재된 자에게 지방선거 선거권을 부여했고, 이들은 2006년 5월 31일 전국동시 지방선거에서 처음으로 선거권을 행사했다(김홍수, 2009).

고, 배제의 태도를 조장하며, 집단 간 불평등 관계를 외면하는 경향도 보인다(장한업, 2009). 자유주의적 다문화주의는 지배적 다문화주의 또는 '얇은 다문화주의(thin multiculturalism)'로도 불린다. 이 관점은 소수자를 인종 같은 배타적인 문화 범주에 가두고, 소수자와 다수자가 함께 관여하는 역동적 상황을 외면하며(Georgiou, 2005), 음식, 춤, 의복 등 문화적 다양성을 즐기게 하지만, 오히려 고정관념을 강화하는 역효과를 낳을 수 있다(Mahtani, 2002). 또한, 집단의 인정과 공존에 초점을 맞추고 다문화 현상을 '기술(description)'하는 데 그치면서 불평등한 현실에 대한 실질적 개선에는 비중을 두지 않는 한계를 보이기도 한다(장한업, 2009).

자유주의적 다문화주의가 소수집단의 문화를 용인한다는 점에서 의미가 있지만 주류사회–소수집단이라는 이분법적 틀을 유지하면서, 집단 안과 밖을 구분하고, 집단 내 다양한 목소리에 대해서는 억압적 태도로 연결된다는 비판도 제기된다(하윤수, 2009). 반면 '비판적 다문화주의'는 출신국 특성을 간직하면서도 조화롭게 공존하고, 집단 차이를 사회적 과정의 산물로 보면서 억압, 지배, 주변화, 차별 문제를 개인이 아닌 사회의 과정으로 인식하며 해결하려는 관점이다(Glasser, Awad & Kim, 2009). 비판적 다문화주의는 다수–소수 권력 관계의 변화를 추구하는데 이주민을 보호·지원 대상이 아니라 새로운 삶을 개척하는 주체로 간주하며(한도현, 2010), 인정의 정치를 통해 정체성의 공존과 평등한 문화적 권리를 지지한다(이동희, 2010). 또한, 동질성보다는 차이, 개인이나 개별 현상보다는 젠더, 인종, 민족성, 계급 등 차이가 나타나는 맥락에 주목하고(Hurtado & Silva, 2008), 관용을 넘어 불평등의 개선을 강조하는데, 이러한 비판적·저항적 다문화주의는 다양성 자체가 목표가 아니라 지배적인 문화에 대한 비판과 사회정의 실현을 추구하며, 차이를 역사, 문화, 권력, 이데올로기의 산물로 본다(엄한진, 2011). 한국은 비판적·저항적 다문화주의에 대한 인식이 부족한 가운데, 다문화 담론과 정책, 교육과 프로그램들이 온정적·시혜적이라는 비판이 나오고 있다.

2) 다문화의 배경과 다문화 정책

우리나라는 미국, 유럽 등 선진국 출신 외국인에 대해서는 호의적 태도를 보이지만 동남아시아와 같은 저발전 국가 출신들에 대해서는 무시하는 이중적인 서구중심주의 경향을 갖고 있다(정현숙, 2004; 황정미·김이선·이명진·최현·이동주, 2007).[4] 이런 상황에서 주로 중국이나 동남아시아 출신의 이주노동자와 결혼이주여성은 복지, 인권, 건강 등 일상의 영역들에서 침묵하고, 주변화와 차별을 겪을 가능성이 높다. 한편, "이주의 여성화(feminization of migration)"의 가속화로 국가 간 노동 이동의 50% 이상이 여성이며, 한국에서 여성 이주노동자의 비중도 30%에 이르고 있고, 이들은 직장과 가정에서 이중의 차별을 겪는다(정진주, 2010). 거기다가 대부분의 다문화정책과 교육은 이주민 등 소수자의 한국문화와 한국어 교육, 축제성 행사, 기술교육 등 적응과 동화를 지원하기 위한 것이며, 다수자인 한국인의 타문화에 대한 이해 증진을 위한 노력은 거의 없는 실정이다. 이러한 정책 방향은 이주민의 한국화와 일상에서 적응이 우선이라는 정책적 판단에 근거한 것으로 보인다. 이 결과, 이주민이 겪는 건강 등 일상에서의 차

4) 미국이나 서유럽의 문화와 국민에 대해서는 개방적·수용적인 반면, 중국, 베트남 등 아시아 국가 문화와 국민에 대해서는 배타적 태도를 드러내는 이중적 모습을 보인다(김홍수, 2009, 529쪽).

모델	내용	결과
차별배제 모델	내용: 경제영역의 이주는 허용하지만, 정치, 문화, 사회영역의 복지나 평등은 인정하지 않음	결과: 이주민은 경제적 활용의 대상, 차별 강화
⇩		
동화 모델	내용: 주류사회로의 동화의 대가로 일부 권리 인정	결과: 정체성 불인정, 차별이나 불평등 문제 간과
⇩		
다문화 모델	내용: 다양한 문화를 있는 그대로 인정하고 장려, 정치경제는 물론 문화영역에서 동등한 참여 보장	결과: 다양한 목소리와 문화 존중, 조화로운 공존 강조

〈그림 2-2〉 다문화정책의 변화 과정[5)]

별이나 불평등, 이와 연관된 커뮤니케이션 문제는 공론화되지 못하는 경향이 강하다.

이주민의 다수를 차지하는 이주노동자는 정부의 이민자 지원 대책에서 배제되고 인종적 특성 때문에 더 많은 차별에 노출되어 있다. 이주노동자들은 한국인이 피하는 이른바 '3D업종'에 종사하면서 한국경제에 기여하는 부분이 크지만, 내국인의 일자리를 빼앗는다는 식의 인종주의 담론 속에서 '타자화(othering)' 및 '주변화'되고 있고, 경제적 요구에 따라 유입되었지만 임금체불, 강제노동, 산업재해에 취약하고, 기본권인 건강에 대한 권리도 확보하지 못하고 있다(김미선, 2009).

심보선(2007, 2008)은 그나마 존재하는 이주노동자정책도 이주노동자를 보호하고 지원하는 온정주의적 성격이 강하며 이주노동자의 권리와 정체성을 존중하는 '인정의 정치'는 배제되고 있다고 비판했다.

5) 김남국(2010), 김범수 · 김현희 · 정명희(2009) 등의 선행연구를 바탕으로 수정하였음.

그 결과 이들이 건강 등에서 겪고 있는 구조적 불평등이나 차별, 주변화의 문제는 부각되지 않고 있다. 이런 상황에서 건강불평등 등 제도적·구조적 문제 해결을 통해 이주민의 건강에 대한 권리를 실현할 수 있는 노력이 필요하다. 특히, 이주민의 건강을 위한 커뮤니케이션 차원의 개입 방안에 대해 성찰하고, 대안을 제시해 이들의 건강증진에 기여해야 할 시점이다.

제3장

이주민 건강과 커뮤니케이션

제3장 이주민 건강과 커뮤니케이션

다문화사회라는 정책과 제도를 개선하는 것과 함께 커뮤니케이션을 통한 상호교류와 소통, 나아가 공감 노력도 중요하다. 특히, 이주민의 일상에서 가장 중요한 건강에 대해 맥락을 중심으로 이해하고, 문제점을 찾고, 대안을 모색해야 한다. 특히, 이주민은 언어문제, 사회적 위계질서, 인종주의로 인한 스트레스를 경험하며(Campo & Mastin, 2007; Cheong, 2007; Mukherjee, 2004), 이민법이나 제도로 인해 지위, 외모, 직업과 관련한 차별도 받을 수 있다(Agudelo-Suarez et al., 2011). 특히, 문화 간 의학적 상호작용에서 의사소통 문제와 문화 차이로 인한 커뮤니케이션 문제가 커질 수 있으므로(Michaelsen, et al., 2004), 이주민이 겪는 다양한 건강문제들에 대한 소통이 무엇보다 중요하다.

다양한 문화와 인종·민족 출신이 증가하는 다문화사회에서 이주민의 건강은 인식 전환과 정책적 지원이 필요한 분야이다. 이주민들을 위한 정책들은 이미 실시되어 왔다. 특히, 2005년 시작된 '외국인근로자 등 의료지원사업'은 이주노동자와 자녀, 결혼이주여성과 그 자녀, 난민·난민자녀 등의 건강보험과 의료급여 등 의료보장제도 혜택을 받지 못하는 사람들을 대상으로 했으나 협약 의료기관에만 적용되는 한계가 있다. '외국인근로자 건강관리지침'은 인도적 차원에서 체계적 보건의료서비스를 제공하기 위해 2000년 제정됐는데, 보건소를 통해 건강검진, 기초진료, 산전·산후 관리, 영유아 예방접종 등을 지원하지만, 대다수 지자체에서 예산을 편성하지 않거나 보건소 실무자들이 지침을 잘 알지 못하는 경우가 많다(신유나 외, 2014, 54쪽). 그리고 이 제도들에 대해 이주민들도 모르는 경우가 많다는 점에서 이주민 건강을 위한 커뮤니케이션의 중요성을 다시 한번 확인할 수 있다. 건강영역에서 이주민 지원과 복지 강화와 동시에 이주민의 건강문제에 대해 민감하게 반응하고, 소통함으로써 더불어 사는 평등하고 건강한 공동체를 앞당길 수 있다. 이를 통해 이주민과 선주민 모두 건강정보를 습득하고, 소통하는 데 있어서 차별이나 불평등을 겪지 않고, 건강관리의 혜택을 받을 수 있을 것이다.

건강문제에 대한 커뮤니케이션은 건강에 대한 올바른 정보제공과 사회적 지지를 강화하고, 불안감을 줄이면서 건강에 유익한 행동들을 이끌게 되면서 건강증진에 기여할 수 있다(Stephens, et al., 2004). 즉, 커뮤니케이션을 통해 질병 및 건강에 대해 정확하게 인식하고, 건강에 대한 불확실성을 줄이며, 개인과 공동체 차원에서 건강한 행동으로의 변화를 촉구할 수 있다. 구체적으로, 이주민의 질병과 건강에 대한 인식, 의료기관 이용 경험, 건강정보 커뮤니케이션 방식 조사 결과를 바탕으로 구체적이고 필수적인 헬스커뮤니케이션 전략을 세운다면, 이주민의 건강권 강화에 기여할 수 있을 것이다.

이주노동자는 이주민의 다수를 차지하는데 산업재해와 유해한 환경으로부터의 발병 가능성이 높은 현실에 직면하고 있으며, 체류자격 문제나 법·제도에 대한 지식 부족으로 그들의 건강권을 지키기 위한 노력을 하기에도 어려운 상황에 있다.[1] 결혼이주여성도 소외, 고립,

1) 서울연구원의 초점집단면접 결과 이주노동자들은 임금, 노동조건, 노동기본권, 산업안전 등에서 노동권 침해와 부당한 대우, 안전 위협에 처해 있었고, 인권침해,

육아 등 가사노동 부담, 사회적 지지 부족, 언어문제, 차별로 인해 병의원 등 건강관리 서비스 이용에서 제약이 큰 실정이다. 한편, 소수자 집단은 신체나 문화적으로 식별 가능하고, 정치 및 경제 권력이 열세이며, 집단의 구성원이라는 이유로 차별 대우를 받고, 집단의식을 소유한다(박경태, 2007). 소수자는 부분적 정체성(성적 소수자, 이주민, 장애인, HIV감염인, 여성)으로 전체 정체성을 규정당하는데, 한국사회는 소수자가 세력화되어 있지 않고, 존재 자체를 인정하는 분위기도 약하며, 함께 살아가는 주체가 아니라 동정과 시혜의 대상인 불쌍한 '타자'로 인식하는 경향이 강하다(장미경, 2005). 이주민은 타국으로 이주하면서 새로운 나라의 언어와 문화에 대한 이해가 부족하고, 자신을 표현할 수 있는 자원도 열악한데, 이주라는 보편적 경험에 의해 소수자가 된다고 볼 수 있다. 일상에서 직면하는 구조적 인종주의를 없애는 것이 이주민의 스트레스와 불안감을 줄이고, 이주민건강 복지를 성취하는 데 핵심이다(Ford & Airhihenbuwa, 2010).[2] 이주민이 가진 소수자로서의 특성을 이해하면서 이들의 건강권 강화를 위한 커뮤니케이션 차원의 대안들을 고민하는 것이 요구된다.

김정우(2009, 4-5쪽)는 〈2009년 고용허가제 노동실태조사〉를 인용해 "'하루 9시간 이상 노동'하는 이주노동자가 71.2%이며, 미등록 이주민과 건강보험이 부재한 이주민들이 의료사각지대에 놓여 있다"고 이주민 건강문제를 진단했다.[3] 신유나 등(2019)의 문헌조사와 전

차별, 취업 어려움도 컸다. 특히, 임금·퇴직금 체불 등이 심각했고, 초과근로 강요, 연장수당 미지급, 산업재해에 쉽게 노출되고 피해 시 사업주 비협조로 더 큰 어려움과 욕설 등 인권침해, 임금·승진에서 차별, 취업 정보 제약 등을 겪고 있었다(주진우 외, 2016, 128-129쪽).

2) 건강에 유해한 환경의 노동 사례는 한국인 노동자보다는 이주노동자가, 대공장보다는 작은 공장에서, 정규직보다는 비정규직에서 더 많이 일어난다고 한다(성동건강복지센터, 2008).

문가 인터뷰에 근거한 연구에 의하면, 미등록 이주민은 등록 이주민이 겪는 언어의 장벽, 문화 차이, 차별 경험과 더불어 '신분 불안정'까지 더해져, 의료기관에 대한 접근성이 더 낮고 건강상태도 취약했으며, 근골격계 질환, 위장장애, 만성질환, 정신질환 등과 함께 산전관리가 어렵고 태어난 영유아에게 문제가 있어도 치료를 받기 어려운 상황에 있었다.

이주노동자는 건강에 유해한 노동환경으로 산업재해는 물론 불규칙적 수면, 스트레스, 위·십이지장궤양, 알레르기, 류마티스 관절 질환 등의 건강위험에 더 쉽게 노출된다(정진주, 2010). 결혼이주여성의 경우 빈혈, 위·십이지장궤양, 천식 등을 많이 앓고 있었고, 정신과적 영역(우울증과 정신분열증)과 생활 습관병(고혈압, 고지혈증), 부인과 질환(자궁근종)으로 더 많이 고통받는다(설동훈 외, 2005). 이와 함께 이주민은 건강에 관한 정보와 인식 수준을 뜻하는 "건강리터러시(health literacy)"가 낮아 복잡한 건강관련 정책과 서비스를 이해하는 데 어려움이 있고, 이는 건강관리 기회에 대한 접근과 활용 제약은 물론, 의료서비스에 대한 낮은 만족도로 이어질 수 있다. 또한, 한국의 의료체계에 익숙하지 않고, 바쁜 일상으로 건강관리 노력이 우선순위가 되지 못하며, 식생활, 운동, 진단과 검진 등 건강관리를 하기에 어려운 조건에 처해 있는 경우가 많다.

2009년 8월 외국인이주노동운동협의회가 발표한 〈이주노동자 노동권실태조사〉에서도 이주노동자들은 소음, 진동, 냄새, 스트레스, 위

---

3) 이주한 새로운 환경에 적응하며 받는 스트레스와 열악한 근로조건, 장시간 노동은 만성질환의 위험요소이며, 실제 이주노동자의 경우 근골격계, 위장관계, 뇌출혈과 같은 신경계 질환의 의료비 지원 비율이 높다고 한다(이주노동자건강연구회, 2009, 144쪽).

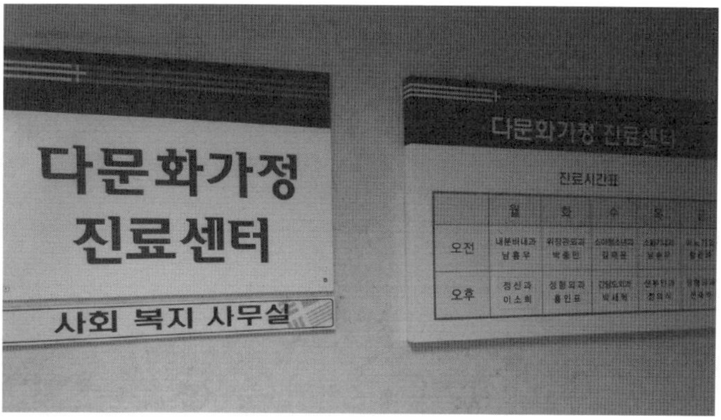

〈그림 3-1〉 국립중앙의료원 다문화가정진료센터 입구

험한 작업환경으로 항시적으로 건강위험에 노출된 경우가 많았다. 〈한국사회와 이주민건강: 외국인노동자 의료백서 2〉에서도 이주노동자는 의료접근성에서 심각한 문제가 있으며, 이로 인해 치료 가능한 병으로 사망하는 경우도 많았다고 한다(이주노동자건강연구회, 2009, 134쪽). 결혼이주여성도 한국인 남편이 국민건강보험에 가입되어 있으면 보험에 가입할 수 있지만 결혼 초기 남편이 건강보험 피부양자로 등록하지 않으면 가입여부를 파악하기 어렵고, 경제적 문제 등으로 치료를 꺼리는 사례가 많다고 한다(김미선, 2009b, 190쪽). 〈그림 3-1〉은 이주민을 위한 건강문제 상담과 진료를 담당하고 있는 국립중앙의료원 〈다문화가정진료센터〉의 모습이다.

소수민족 집단은 건강정보 수준인 '건강리터러시'가 낮고, 건강에 대한 사회적 지지도 적게 받는 경향이 있다(Davis, Gazmararian, & Kennen, 2006). 한국에서 이주노동자는 의료서비스에 대한 접근 부족, 낮은 보험가입, 의료정보 및 사회적 지지 부족, 의료비 부담 문제를 가지고 있었지만 보건 및 검진서비스에 대한 욕구는 높았다(이수상·

장임숙, 2008). 또한, 이주민의 보건서비스 접근성 문제로는 미흡한 진료서비스, 의사소통 문제, 정보 부족이 지적됐고, 대안으로는 별도의 건강보험 체계, 규모 있고 체계적인 무료진료센터, 커뮤니티 활용, 보건의료서비스의 서울 집중 문제 개선, 미등록 이주민이 처한 환경개선, 문화적 차별 개선 등이 제시됐다(신유나 외, 2019).[4] 이는 이주민의 건강증진을 위해 의료서비스와 건강정보에 대한 접근을 제약하는 맥락을 분석하고, 사회적 지지 제공 등 공감에 바탕을 둔 헬스커뮤니케이션 노력이 더욱 필요함을 보여준다.

4) 이주민, 특히, 미등록 이주민의 보건의료서비스 접근성 향상을 위해 적절한 공적 지원을 받는 특화된 '규모 있고 체계적인 이주민 전용 건강지원 센터'와 함께 의료기관 이용 시 의사소통과 정보 접근 어려움과 신분 노출을 꺼리는 실정을 고려해 이주민 공동체 강화를 제안했다(신유나 외, 2019).

제4장

헬스커뮤니케이션의 역할

제4장 헬스커뮤니케이션의 역할

헬스커뮤니케이션은 건강에 대한 공중의 인식, 태도, 행동에 영향을 주는 다양한 건강 관련 정보의 소통 행위를 의미한다. 건강정보에 대한 커뮤니케이션을 통해 건강지식에서의 격차를 줄이는 것은 이주민 등 건강에 취약한 그룹이 겪고 있는 건강불평등 현상을 완화하는 데도 유익하다(Clayman, et al., 2010). 또한, 환자를 진단하고, 치료하는 의료현장에서는 공감과 신뢰를 바탕으로 한 효과적인 커뮤니케이션을 통해 정확한 정보와 지지를 제공해야 한다(Ulrey & Amason, 2001). 건강에 관한 커뮤니케이션은 그 내용뿐 아니라 감성과 관계의 영역을 포괄하며, 따뜻하고 마음을 연 커뮤니케이션은 환자의 만족도와 회복에도 긍정적인 영향을 준다(Brunton, 2004). 반면 의료현장에서의 부정적 의사소통은 치료에 역작용을 낳고, 의사들은 불친절하고 권위적이라는 선입견을 강화하며, 환자의 순응을 방해할 뿐 아니라 의료 사고의 가능성과 함께 의료분쟁을 야기할 수도 있다(박용익, 2010). 이 장에서는 공중의 건강에 영향을 미치는 헬스커뮤니케이션의 의미와 역할에 대해 자세히 알아보고자 한다.

1) 헬스커뮤니케이션의 정의와 목표

헬스커뮤니케이션은 의료인 등 건강전문가-환자 관계, 미디어 등을 통한 건강정보에 대한 노출과 탐색·이용, 의학적 권고와 처방에 대한 순응, 공공건강 메시지와 캠페인 구성, 개인·집단 차원의 건강 위험 정보 확산, 미디어와 문화에서 건강 이미지 구성과 확산, 공공건강과 건강관리 시스템 접근에 대한 소비자 교육 등을 포함한다(Kreps & Sparks, 2008). 헬스커뮤니케이션은 건강이슈에 관해 개인, 기관, 공공 차원에서 알리고, 영향을 미치며, 동기를 부여하는 기술이자 과정을 뜻하며, 질병 예방, 건강증진, 건강관리정책, 건강관련 비즈니스, 나아가 공동체 내에서 개인의 건강과 삶의 질에 영향을 줄 수 있다(Ratzan, et al., 1996).

미국의 아시아계 여성들, 특히, 한국계 여성들의 유방촬영술 검진율은 낮은데, 이는 여성의 지위와 역할, 건강 및 건강관리에 대한 문화적 믿음과 가치의 차이에 기인한다(Lee, Kim, & Han, 2009). 즉 여성들이 자신보다는 자녀 등 가족의 건강에 우선순위를 부여하고, 증상이 나타나기 전 예방 차원의 건강관리에 덜 주목하는 이들의 문화적 믿음과 관행이 영향을 미친다고 한다. 홍콩에서는 건강에 대한 인식 및 정보 부족, 의료인과의 좋지 않은 커뮤니케이션이 자궁경부암 검진을 가로막는 데 영향을 준다고 한다(Abdullah, Students, & Leung, 2001). 이러한 사례들은 건강정보 공유와 함께 커뮤니케이션을 통한 건강 및 건강관리에 대한 인식, 태도, 행동, 나아가 문화의 변화가 중요함을 보여준다. 〈표 4-1〉은 헬스커뮤니케이션에 대한 다양한 정의를 보여준다.

〈표 4-1〉 헬스커뮤니케이션의 정의

• Kreps & Thorton: 헬스케어(healthcare) 과정에서의 의사소통

- Northouse & Northouse: 사람들 사이의 의사소통인 Human Communication의 하부 개념으로 건강 관련 이슈나 정보를 개인이 어떻게 처리하는가를 의미
- Porto: 건강하고, 안전한 행동을 촉진하고, 건강 보호를 위한 진단적인 서비스(검진 등)와 상품(의약품이나 콘돔 등)에 대한 접근을 늘리기 위해 수행되는 커뮤니케이션 활동(브라질 보건부 정의)
- Ratzan: 단순한 건강정보 전달뿐 아니라 건강증진을 목표로 건강영역과 정책 분야에 적극적으로 관여하면서 진행하는 커뮤니케이션 활동
- Bernhardt (2004): 목표 청중에게 관련성 있고, 정확하고, 접근 가능하며, 이해할 수 있는 건강정보를 개발해 전파하는 과정

헬스커뮤니케이션의 목표는 메시지의 전략적 설계와 함께 커뮤니케이션 채널의 적절한 선택과 이용을 통해 건강정보를 전파해 개인과 공동체 차원에서 건강증진을 도모하는 것이다.[1] 이를 위해서는 위의 정의에서도 나와 있듯이 목표가 되는 청중에게 관련성 높고, 정확하고, 접근 가능한, 또 이해할 수 있는 건강정보를 개발하고, 전파해야 한다(Bernhardt, 2004). 헬스커뮤니케이션은 건강문제에 대한 문제 규정과 상황분석을 통해 주목표가 되는 공중의 특성을 알아내고, 이를 바탕으로 전략적인 메시지를 개발해 적절한 매체를 활용해 전달·공유하는 과정을 포함한다. 예를 들어, 청소년 흡연이 문제라면 상황분석을 통해 청소년이 어떤 환경에 있고, 어떤 요인들이 흡연을 유발시키는지를 파악한 후 청소년의 특성에 맞게 호소할 수 있는 메시지를 도출해 이들이 애용하는 매체들을 통해 전달하고, 공감할 수 있도록 하는 전 과정을 헬스커뮤니케이션이라고 정의할 수 있다.

1) 미국 국립암센터에 따르면 헬스커뮤니케이션을 통해 건강문제의 해결책에 대한 인식과 지식을 높이고, 건강에 대한 규범을 바꿀 수 있는 인식, 믿음체계, 태도에 영향을 주며, 건강한 행동으로의 변화의 이점을 보여주고, 건강문제나 정책에 관한 특정 입장을 강화하고, 잘못된 인식을 반박할 수 있다(Freimuth, 2004).

의료현장에서는 의사가 환자와 커뮤니케이션하는 방식이나 태도가 환자의 건강행동과 의료적 결과에도 영향을 미친다(Finney Rutten, Augustson, & Wanke, 2006). 또한, 환자를 진단하고, 치료하기 위해서는 긍정적 관계를 필요로 하고, 효과적인 커뮤니케이션을 통해 정확한 정보를 제공하고, 이 과정에서 신뢰를 형성해야 한다(Ulrey, & Amason, 2001). 의료인은 각 환자의 독특함을 인정하고, 다른 문화에 대한 감수성을 갖추어야 하며, 문화가 정적이지 않고 항상 변화함을 이해해야 한다(Hearnden, 2008). 병원을 찾는 사람을 비인격적 환자로만 볼 것이 아니라 사회적 맥락 속에 존재하는 능동적 "인간"으로 간주하는 "의료의 인간화"가 중요한데(Nettleton, 1995/1997), 이는 커뮤니케이션의 역할과 직결된다. 즉 환자의 감정과 느낌을 경청하면서 환자를 의료적 결정 등 과정에 참여시키고, 자신의 건강에 대해 결정하는 적극적 참여자로 만드는 노력이 필요하다. 의사 등 의료인의 경청하는 기술과 환자의 자기 증상에 대한 효과적인 표현이 환자의 만족은 물론 회복에도 영향을 준다는 점에서(Radley, 1994/2004), 헬스커뮤니케이션 연구는 의료인-환자 의사소통과 상호작용 현상에 대한 분석과 대안 제시도 포괄한다.

공공건강의 개선은 사회적 조건을 변화시키는 것과 함께 바람직한 건강 행동을 유지 또는 채택하도록 정보를 제공하는 것으로부터 시작된다(Beaudoin, Thorson, & Hong, 2006). 헬스커뮤니케이션은 '개입적(intervene)'이라고 볼 수 있는데, 건강에 관한 커뮤니케이션을 통해 궁극적으로는 개인은 물론, 공동체의 구체적인 변화를 유도하는 목표를 갖는다(Bernhardt, 2004). 또한, 건강정책 분야에도 적극적으로 관여해 개인은 물론, 공동체 차원에서 질병 예방과 건강증진이라는 실질적인 변화를 가져오는 것을 목적으로 한다(Ratzan, 2006). 종합하면 헬스커뮤니케이션은 개인과 공동체 차원에서 건강한 삶으로의 변화를 추구함을 목적으로 하는 다양한 맥락에서의 계획된 커뮤니케이션이며, 〈표 4-2〉와 같은 구체적인 목표들을 가진다.

〈표 4-2〉 헬스커뮤니케이션의 목표

(가) 건강정보의 전달과 확산
(나) 의료(임상) 상황에서 의료인-환자 간, 의료인 간 상호작용 증가와 개선을 통한 치료의 효율성과 환자 및 의료진의 만족감 증가
(다) 건강에 관한 개인의 인식, 태도, 행동의 변화를 위한 동기 부여
(라) 공동체(집단) 차원의 건강에 관련한 행동, 문화, 분위기의 변화와 건강증진
(마) 건강정책을 요구하고 수립하는 과정을 통한 정책의 변화

간호학에서는 진단, 검진, 치료의 효율성을 위해 커뮤니케이션의 역할이 커졌고, 보건학에서도 암, 심장병, 고혈압, 당뇨 등 질환이나 신종감염병(조류독감, 신종플루, 구제역 및 최근의 메르스와 코로나 19 등) 그리고 건강위험행동(흡연, 폭음, 약물남용 등)에 대해 정확하고, 필수적인 정보를 확산할 필요성을 갖게 되면서 커뮤니케이션의 역할이 부상했다. 커뮤니케이션학 분야에서도 건강역역에서의 커뮤니케이션에 대한 관심이 고조되어 왔다. 1975년 국제커뮤니케이션 학회(International Communication Association), 1985년 전국커뮤니케이션 학회(National Communication Association)가 헬스커뮤니케이션 분과를 만들면서 건강과 커뮤니케이션의 관련성에 대한 연구가 본격화되었고, 국제적인 헬스커뮤니케이션 저널이 발간되기 시작했다(Health Communication 1989 발간, Journal of Health Communication 1996 발간). 1996년 미국정부는 질병통제 · 예방센터(The Center for Disease Control and Prevention)에 헬

스커뮤니케이션 부서(CDC Office of Communications)를 신설했고, 미국 국립암센터(The National Cancer Institute)는 1999년 "암 관련 커뮤니케이션의 중요한 기회(Extra Opportunity in Cancer Communication)"라는 과제를 통해 헬스커뮤니케이션에 관한 연구를 강화했다(Freimuth, 2004). 또한, 미국 국립암센터의 커뮤니케이션국(NCI Office of Communications)에 "미디어관계 · 대외협력부(Media Relations and Public Affairs)"를 설치해 건강이슈에 관한 대국민 PR 등 커뮤니케이션 활동을 강화해 왔다.

미국 보건부가 2000년 1월 발표한 "건강한 사람들 2010(Healthy People 2010: Understanding and Improving Health)"은 "건강한 생활의 질을 높이고, 기간을 늘리며, 건강격차를 없애는 것"을 목표로 하면서, 헬스커뮤니케이션을 핵심 분야로 규정했다(Zoller, 2005).[2] 특히, 사회적 약자나 소수자의 건강증진을 위해서는 건강불평등이 극복되어야 하며, 이를 위한 커뮤니케이션의 역할을 강조했다. 미국 국립암센터는 1999년부터 헬스커뮤니케이션 연구기관에 대한 재정지원도 시작했으며, 미국의 Institute of Medicine(IOM)이 발행한 건강 관련 직업인이 되기 위한 준비 보고서에서는 커뮤니케이션이 미래의 공공건강 교육에 필수영역임을 강조하고 있다(Bernhardt, 2004).[3]

의료현장에서의 공감적 커뮤니케이션과 문화적으로 민감한 미디어 또는 대인 채널 중심 건강캠페인의 역할도 자주 언급되고 있다. 헬스커뮤니케이션에는 대인 간 커뮤니케이션 관점과 함께 미디어 채널 중

2) "Healthy People 2010"의 총 27개의 건강증진을 위한 핵심 분야 중 11번째가 헬스커뮤니케이션의 활성화를 통한 건강증진이다(Zoller, 2005).

3) Institute of Medicine은 사회, 가족, 공동체의 네트워크가 공공건강의 과정에 영향을 미침을 강조했다(Beaudoin, et al., 2006).

심 관점이 있다(Ratzan, et al., 1996). 또한, 의료현장 커뮤니케이션과 헬스캠페인을 통한 건강정보 확산 및 태도, 행동 변화 영역으로 분류할 수도 있다. 미디어 채널은 건강이슈에 관해 초기 정보 확산과 인식・태도 형성에 효과적이고, 대인 커뮤니케이션 채널은 신뢰를 바탕으로 한 메시지 채택과 실질적인 행동을 변화시키는 데 효과적인데, 민감한 이슈일수록 대인 채널이 더 유용하다고 한다(Svenkerud & Singhal, 1998). 건강에 관한 대인 커뮤니케이션은 미디어 메시지가 청중의 의견과 관점, 행동을 채택하도록 설득하는 시도를 촉진하거나, 방해하기도 한다(David, Cappella, & Fishbein, 2006). 특히, 중요하고 민감한 건강문제일수록 공중은 미디어 메시지를 접하고 그대로 믿고 바로 결정하는 것이 아니라 대인 간 커뮤니케이션 채널들을 통해 후속 대화와 의견을 나누며, 정보를 확인하면서 행동할지에 대해 숙고하게 된다.

선행연구에 따르면, 도시의 가난한 사람은 의료인과의 접촉이 제한되고, 건강정보를 대인 간 네트워크에 더욱 의존하며, 미디어 채널 중에서는 TV를 더 선호한다고 한다(Cheong, 2007). 마을에서 페스티벌이나 전통적 모임 같은 공동체 모임이나 행사도 건강정보를 공유하는 통로로 이용된다(Pratt, et al., 1997). 한편, 참여적 커뮤니케이션 접근은 상호작용을 중시하면서 건강전문가와 환자의 관계를 밀접하게 해 공동체의 건강증진에 기여할 수 있다. 미시간 앤아버에서 고정관념과 낙인에 맞서는 노숙자의 생활과 건강에 대해 기록한 프로그램, 노스캐롤라이나의 〈Inspirational Images Project〉가 작은 마을의 유방암 생존자의 요구를 규명하고, 이를 해결할 행동계획을 개발하기 위해 커뮤니케이션 공간을 만들었던 사례들이 참여적 접근법을 활용한 것으로 볼 수 있다(Dutta, 2007). 〈표 4-3〉은 헬스커뮤니케이션의 역할을 소개하고 있다.

〈표 4-3〉 헬스커뮤니케이션의 역할

1) 대인 · 공동체 차원의 커뮤니케이션을 통한 건강 관련 정보제공 및 동기 부여 - 대인 간 커뮤니케이션, 그룹 · 조직 커뮤니케이션, 매스미디어와 인터넷 등 뉴미디어, 교육용 인쇄물(포스터, 팸플릿, 리플릿 등) 등 다양한 커뮤니케이션 채널들을 활용하는 커뮤니케이션 - 이를 통해 건강한 행동(운동, 식생활 관리, 충분한 수면, 검진 등)을 선택하고, 건강하지 않은 행동(흡연, 폭음, 마약, 안전하지 않은 성관계 등)을 하지 않도록 유도하는 커뮤니케이션 - 개인과 공동체 차원의 질병 예방과 건강증진을 위해 다양한 채널을 활용한 다방면의 커뮤니케이션 활동 2) 의료적 상호작용에서의 커뮤니케이션 - 의료인-환자 간, 의료인 간의 상호작용과 이해를 증진하는 커뮤니케이션을 통해 환자의 만족과 회복에 기여할 수 있음 - 의료커뮤니케이션은 따뜻하고, 공감적 경청과 피드백을 바탕으로 '효과적이고 좋은(Effective and good)' 커뮤니케이션이 이상적임 - 쌍방향적이고 우호적인 커뮤니케이션은 환자의 만족과 회복에 도움이 됨은 물론이고, 의료인의 만족에도 긍정적 기여를 함

2) 비판적 헬스커뮤니케이션과 건강

박용익(2010)은 의료를 의사가 진단과 치료에서 절대적 권위를 가지면서 환자와의 대화에 비중을 두지 않으면서 환자를 순응해야 하는 대상으로 간주하는 가부장적 모델과 환자의 사회 · 심리적 상황과 주관적 질병 경험을 존중하면서 의사–환자의 대화와 관계, 공감대가 강조되는 환자중심 모델로 분류했다. 〈표 4-4〉를 통해 의료에 대한 두 모델의 차이점을 살펴보자.

〈표 4-4〉는 의료현장에서의 상호작용의 중요성을 보여준다. 특히, 환자는 건강정보를 통해 질병의 원인과 치료의 선택에 대해 알 수 있게 되고, 질병 관리에 대한 지식을 높이며, 건강관리에 대한 불확실

〈표 4-4〉 의료의 가부장적 모델과 환자중심 모델

	의료의 가부장적 모델	의료의 환자중심 모델
질병에 대한 관점	신체기관의 장애, 병리학적으로 변화된 신체기관	신체와 심리, 사회적 작용의 조절과정의 장애
환자의 역할	치료의 대상자, 의사의 지시에 순응	질환의 심리적 측면에 유의
치료	기능장애의 제거	환자와 공동으로 질환의 의미를 밝혀내고 이해하는 것
진단과정	질환을 의료체계로 이해가능하고 의사가 치료할 수 있는 증상중심으로 파악	생의학적 자료와 함께 사회 · 심리적, 환자의 주관적 자료를 바탕으로 통합적 진단
대화의 가치	환자와의 대화는 독립적 가치가 없음	의료행위에서 대화는 핵심 요소
의사의 역할	환자와 질환에 대해 과학적, 객관적, 감정중립적으로 대처, 전문가로서 의학적 조치를 일방적으로 결정	환자와의 관계 형성 주도 감정이입, 의사는 환자의 협력자 역할 수행
대화의 유형	질문과 대답으로 이루어지는 문진대화	환자 주도의 내러티브와 의사의 경청, 의사 주도의 질문과 대답이 통합되는 병력대화

성을 줄일 수 있다(Rooks, et al., 2012). 환자중심 모델은 상호적인 커뮤니케이션과 관계를 강조하며, 환자를 둘러싼 다양한 맥락과 경험을 살피는 것에 초점을 둔다. 반면 가부장적 모델은 건강에 관한 생의학적 모델과 일맥상통하는데, 의과학연구를 통한 사실 전달과 건강에 대한 개인의 생각과 행동을 바꾸기 위해 동기화하는 데 집중하면서, 사회문화적 · 정서적 요인을 배제하는 경향이 있다. 이러한 전통적이고, 권위주의적이며, 지배적인 건강과 질병에 대한 관점은 건강에 영향을 미치는 사회문화적 맥락과 환자와 일반시민들의 경험과 감정을 배제하게 되며, 건강문제를 가치중립적 이슈로 간주하면서 전문가의 의학적 처방을 유일한 해결책으로 제시하는 경향이 있다. 앞서 언급한 "의료의 인간화(Nettleton, 1995/1997)", 즉 환자의 감정과 느낌을 듣고 환자가 자신의 건강에 대해 결정하는 데 참여하도록 하는 과정

이 중요하며, 이는 '환자중심 모델'의 중요성과 연결된다. 특히, 이주민이나 외국인 등 다른 문화권에서 온 사람들, 장애인, 성적소수자, 노인 등의 사회적소수자·약자들을 진료할 때는 '환자중심 의료 모델'이 유익하다. 확장하자면 상호이해와 공감에 바탕을 둔 '환자와 공중중심 모델'은 의료현장에서의 커뮤니케이션뿐 아니라, 공중이 건강정보를 적극적으로 습득하고 공유하며 건강한 행동으로 변화하는 과정에 대한 분석에도 유용할 것이다.

건강정보 이용과 커뮤니케이션은 환자–의사 상호작용과 의료서비스는 물론 검진 및 치료 등 질병 관리의 효율성을 높이며, 질병을 예방하고, 건강 격차를 줄이는 데도 기여한다(Rooks, et al., 2012). 특히, 이민자가 겪는 건강격차를 감안하면 잠재적인 건강문제에 대해 인지하고, 최소화하도록 대처를 유도하는 것을 돕는 헬스커뮤니케이션의 역할이 크다(Kreps & Sparks, 2008). 이 과정에서 정확하고, 시의성 있는 건강정보를 찾아내고 소통해야 한다. 비판적 헬스커뮤니케이션은 건강문제의 맥락을 분석하고, 문화적으로 민감한 헬스커뮤니케이션을 설계해야 함을 강조한다. 또한, 건강에 관한 사회와 공동체의 책임을 강조하면서 취약계층이 그들이 겪는 건강문제에 관해 목소리를 내도록 돕고, 지지를 제공하며, 연구를 통해 건강한 생활을 막는 커뮤니케이션 문제를 분석하고 대안을 제시하고자 한다(Dutta, 2006; Singhal & Chitnis, 2005). 즉 비판적 관점을 통해 건강관리의 맥락에 대한 이해를 바탕으로 적절한 건강관리를 제공하고, 특히, 사회적 약자·소수자 환자의 건강권을 보호하는 데 중요한 역할을 할 수 있다. 이는 건강과 웰빙, 질병에 대한 인식과 대응 방향, 정책이 사회적이고, 문화적인 방향으로 정의되고 구성되기 때문이기도 하다(Hearnden, 2008).

지배적 헬스커뮤니케이션 관점은 개인이 건강한 행동을 선택할 수 있는 권한을 가진다고 보며(Seale, 2002/2009), 예방·정책·구조적 변화를 위한 노력보다는 의학적 개입에 집중하고, 개인이 건강에 대해 책임이 있다고 본다(Walsh-Childers & Treise, 1998). 반면 비판적 관점은 이주민 등 취약 집단을 단순한 연구대상만이 아니라 사회변화의 참여자로 보면서 이들의 목소리와 경험을 이해하는 데 초점을 둔다. 특히, 건강한 생활을 가로막는 사회적 문제들은 물론, 인식·태도·행동의 문제를 커뮤니케이션 중심으로 분석하고, 해결책 도출에 중점을 둔다(Dutta, 2006). 비판적 헬스커뮤니케이션 관점에 따르면, 의료 현장뿐 아니라 건강증진 캠페인에서도 이주민과 같은 취약한 그룹의 특성을 그들의 목소리를 통해 이해함을 바탕으로 전략적 메시지를 개발하는 노력이 필요하다. 또한, 청중에게 가깝고, 친숙하고, 쉽게 접근할 수 있는 채널을 통해, 이들이 공감할 수 있는 메시지를 전파할 때 그 효과가 더욱 클 것이다. 이 연구는 '건강의 맥락적 구성주의'와 '비판적 헬스커뮤니케이션 관점'을 바탕으로 커뮤니케이션을 포함한 다양한 사회적 맥락과 신체적·정신적 건강의 관련성에 초점을 두었다(Pauley & Hesse, 2009).

질병이나 건강에 대한 인식과 정보가 건강상태에 영향을 준다는 연구결과는 많다. 미국의 라티노나 흑인들은 의료적 상황에서 불공정한 치료를 받는 경우를 더 많이 보고했고, 건강관리에 낮은 신뢰를 보이는 것은 물론 건강정보를 덜 찾는다고 한다(Rooks, et al., 2012). 미국에서는 젊고 덜 교육받은 사람들은 TV로부터, 나이 들고 더 교육받은 사람들은 신문이나 잡지로부터 건강뉴스를 얻는다는 연구결과도 있다(Len-Rios, et al., 2009). 미국 거주 한인 여성은 자녀 양육 등을 본인 건강보다 우선순위로 두는 문화적 관행으로 인해 유방암 검진에 덜 참여하고, 이로 인해 유방암 발병률은 낮지만 높은 사망률을 보인다는 연구결과도 있다(Lee, et al., 2009). 이는 헬스커뮤니케이션이 메시지나 담론 문제만이 아니라 질병 예방과 치료의 가능성에 직접적 영향을 주는 건강을 위한 필수적 영역임을 암시한다. 이주민과 외국인이 점점 늘어나는 상황에서 건강과 의료 영역에서도 문화 차이에 민감하게 반응하고 소통해야 한다는 헬스커뮤니케이션의 역할이 더욱 중요하다.

제5장

다문화사회와 건강

제5장 다문화사회와 건강

1) 이주민과 건강불평등

건강은 사회문화적으로 구성되며 개인의 행동과 책임으로 건강문제를 제한해서는 안 된다(조병희, 2008). 사회경제적 위치나 문화에 따라 검진이나 상담, 치료 등 건강 행동이 우선순위를 부여받지 못할 수 있음에 유념해야 한다(Nettleton, 1995/1997). 즉 고단하고 바쁜 일상, 위험한 노동환경이나 주거형태, 건강에 관한 믿음이나 관행 등이 건강에 영향을 준다. 이주노동자의 경우, 열악한 노동환경과 독신생활이 많다는 점, 낮은 임금과 미등록의 경우 단속에 대한 두려움 등 법적 불안정성이 건강에 대해 우선순위를 못 두게 하는 요인이 될 수 있다. 경제적 격차, 사회자본과 사회적 지지 결핍, 문화와 언어 차이가 건강에 대한 대화를 억제하며, 문화적·언어적 차이는 의료현장에서 의료인–환자의 관계를 더욱 불평등하게 할 수 있다(박용익, 2010). 영국에서 선행연구에 의하면, 이주민이 겪는 건강 불평등에는 의료기관과 국가기관의 인종차별주의, 편견, 사회 전반의 문화적 감수성 부족, 이주민이 겪는 실업이나 열악한 작업환경과 스트레스가 주원인이 되며, 이들 요인들이 결합되면서 더 심각한 건강격차를 낳는다(Goodfellow & Moorley, 2007). 경제적, 문화적, 정치적 이유로 의료의 혜택에서 소외된 이주민들의 질병 예방과 건강증진을 위한 정책의 확대는 평등한 다문화 공동체를 위해 필수적이다.

인종주의는 발병률, 사망률, 전체적인 건강상태와 웰빙에 부정적 영향을 준다(Ford & Airhihenbuwa, 2010). 한편, 다양한 사회적 맥락이 건강에 영향을 준다는 사례들은 많다. 미국과 영국 모두 여성이 더 많은 질병을 갖는 것으로 보고되며, 미국에서는 직장을 가진 결혼한 여성이 제일 건강했고, 직장이 없고, 미혼이며, 자녀가 없는 여성의 건강이 제일 나빴다고 한다(Radley, 1994/2004). 영국에서는 경제적으로 활동하지 않는 남성이 활동하는 남성보다 더 많은 질병을 보고했다(Radley, 1994/2004). 미국의 라티노는 에이즈 감염의 20%를 차지해 백인에 비해 4배 많았고, 자궁경부암 사망률은 백인에 비해 50% 높았다고 한다(Cashman, et al., 2011). 영국에서도 인종주의 여파로 남아시아 출신 이민자들이 정신적·신체적 질환을 가질 위험이 더 높다고 한다(Kobayashi, et al., 2008).

인도의 경우 부유층이 건강서비스와 헬스커뮤니케이션 캠페인으로부터 더 많은 혜택을 보는 반면, 카스트 제도에서 가장 착취받고, 취약한 계급이 건강에서도 가장 열악한 위치에 있었다고 한다(Krishnatray & Melkote, 1998; Singhal & Chitnis, 2005).[1] 정책적으로 다민족·다언어·다문화 사회를 표방하는 캐나다에서도 원주민 등 인종적 소수자와 장애인, 동성애자가 더 많은 만성적 건강문제로 고통받는다고 한다(Johnson, Bottorff, Browne, Grewal, Hilton, & Clarke, 2004). 미국의 라티노들은 당뇨, 암, 천식 등에 더 많이 걸리고, 과체중, 비만, 운동 부족을 더 겪게 되며, 권고된 암 검진을 잘 받지 않는 경향이 있다(Clayman, et al., 2010). 미국의 흑인여성은 고혈압과 당뇨 등 비만과

---

1) 인도의 경우 낮은 카스트 계급일수록 질병의 전파에 대한 지식수준과 의료시설에 대한 접근이 낮았다고 한다(Krishnatray & Melkote, 1998).

관련된 질병에 더 많이 걸리며(백인 여성에 비해 2~3배) 평균수명이 백인여성에 비해 5년 정도 짧다고 한다(Campo & Mastin, 2007). 이러한 인종 간, 민족집단 간 건강불평등은 생의학적 원인이기보다는 사회경제적 환경과 문화적 맥락이 건강관리에 부정적 영향을 미치기 때문으로 해석할 수 있겠다.

캐나다의 인종적 소수자 여성은 질병을 초자연적으로 인식하고, 숙명론으로 받아들이며 치료를 의식에 의존하는 경우가 있다고 한다(Amankwah, Ngwakongnwin & Quan, 2009). 뉴질랜드와 미국의 원주민 등 인종적 소수자는 암의 증상, 위험요인, 검진에 대해 충분한 정보를 못 받는다고 느끼며, 상담, 검진, 치료에서 문화적 민감성 부족을 경험하거나, 차별 또는 불안감을 느끼며, 의료현장의 커뮤니케이션에 만족하지 못하는 경우가 많다(Brunton, 2004; Sun et al., 2007). 이주민은 주변화와 소외, 차별로 인해 폭력과 스트레스에 더 많이 노출되기 때문에(Meyer, 2001), 사회적 지지의 중요성도 크다. 특히, 인종주의는 건강한 식생활과 검진, 치료에 대한 접근에 직접적 영향을, 스트레스나 감정적 지지에는 간접적 영향을 주면서 건강에 부정적 영향을 준다(Agudelo-Suarez et al., 2011; Brondolo, et al., 2009). 스페인에서는 직업 계약의 불안정성, 사회적 지지 부족, 커뮤니케이션 어려움, 낮은 교육수준, 문화적 정체성과 가치가 이민자가 경험하는 차별에 영향을 준다(Agudelo-Suarez et al., 2011). 언어적 장애 등 커뮤니케이션 어려움이 미국 아시아계 여성의 유방암 관리와 치료에 장애요인이며, 실제 이들은 낮은 유방촬영술 검진 수검률을 보인다(American Cancer Society, 2004, Sun et al., 2007). 워싱턴 DC 근교 베트남 아메리칸 공동체에서는 독특한 건강문제들에 직면하는데(유방암, 자궁암, 폐암 등), 지역 미디어나 조직을 중심으로 한 무료 암검진 서비스와 교육이 효과가 적다고 한다(Gibson, 2007). 위의 사례들은 커뮤니케이션 문제가 이주민이나 소수자의 건강 상황을 악화시키고 건강불평등을 낳는 경우들을 보여준다.

한 사회에서 차별 경험은 스트레스, 우울증, 불안증, 수면장애 같은 건강 증상의 인식과 흡연, 음주, 마약 등 건강 관련 행동과도 밀접하게 관련된다(Agudelo-Suarez et al., 2011). 위의 사례들을 볼 때 이주민 등 사회적 취약계층의 건강은 가난, 차별, 억압, 고정관념을 재생산하는 불평등의 맥락 속에서 이해해야 한다(Dutta, 2006).[2] 한편, 가족, 친구, 이웃은 건강에 대한 조언이나 신체적 보살핌과 심리적 지지를 제공하는 사회적 지지원이며, 비공식적 치료의 원천이 된다(Papadopoulos, et al., 2004). 특히, 남아시아 문화는 질환에 완충 역할을 하는 가족이나 공동체 등 사회적 지지의 역할이 중요하다(Kobayashi, et al., 2008). 특히, 커뮤니케이션을 통한 사회적 지지 제공은 스트레스나 불안감을 줄이는 데 기여할 수 있다(Vyavaharkar, et al., 2011).

이주민은 문화와 언어 차이는 물론, 정치적 · 경제적 약자일 가능성이 크기 때문에 건강서비스 접근에 어려움이 있다. 특히, 병원 등 건강관리 시스템에 익숙하지 않으면서 주류 의료시스템에 대한 오해와 불신을 가지는 경향도 있다(Papadopoulos, et al., 2004). 의료인들은 의학적 민족주의의 영향으로 교육받은 엘리트를 위한 정보서비스를 '모델링'하는 반면 사회적 약자의 건강상태와 이들의 정보요구 · 문제해결 방식에 대한 이해는 부족하다(Cheong, 2007). 이 연구는 이주민의

2) 미국에서 저소득층 흑인 여성이 중산층 백인 여성에 비해 체중미달 아기를 갖거나, 높은 콜레스테롤, 유방암, 뇌졸중 등 발작에 걸릴 확률이 높고, 예방 가능한 질병으로 인한 사망 가능성도 크다고 한다(Aldoory, 2001).

건강증진을 위해 사회문화적 특성을 파악하는 민감한 건강증진 프로그램이 필요하며, 이는 이주민의 건강문제와 요구에 대한 이해와 소통에서 출발한다고 보고 연구를 시작했다.

2) 문화 간 헬스커뮤니케이션과 '의학적 자민족중심주의(medical ethnocentrism)'

다문화사회에서는 타인의 감정과 권리를 존중하면서 다른 문화의 입장으로 감정, 사고, 가치관을 이해하는 능력이 중요하며(김선미 · 김영순, 2008), 이는 건강영역에도 적용된다. 선행연구에 의하면, 아일랜드 출신 환자가 영국 의사를 방문할 경우 일탈자, 알코올 중독자 등으로 취급받을 가능성이 높고(Radley, 1994/2004), 미국에서는 흑인이 의사 지시에 비순응한다는 고정관념이 의료계에 존재한다. 이는 소수인종이 주류 의료체계에 대해 가지는 불신, 의료현장에서의 인종차별 경험, 의료서비스에 대한 오해 등과도 연결된다(Loustaunau & Sobo, 1994/2004). 특히, 이주민은 낮은 건강리터러시로 인해 건강정보를 얻는 데 어려움이 있으며, 비슷한 문화적 배경을 가진 의료진을 찾거나 가족과 건강문제를 대화하기를 원할 수 있다(Kreps & Sparks, 2008). 이런 상황에서 커뮤니케이션은 질병 예방 활동과 검진/치료 참여 등에 긍정적 역할을 수행할 수 있다.

커뮤니케이션 능력은 자연스럽게 형성되지 않는다. 의료제공자는 환자와 정보를 교환하고 소통하면서, 질병과 치료에 대한 환자의 요구와 관점을 발견할 수 있도록 훈련받아야 한다(Suurmond et al., 2011). 이러한 문화 간 의학적 상호작용의 중요성을 감안하면 의료진을 대상으로 한 다문화 민감성 프로그램을 도입해 체계적으로 교육하는 것이 필요하다. 미국의 일부 주는 '문화적 자신감(cultural confidence)' 훈련을 의사 자격의 조건으로 두고 있거나 문화적 자신감 교육을 포함하고 있다. 캐나다 정부의 건강관리 정책 입안자들은 정부 차원에서 이민자들이 정착하는 도시에서 '문화적·언어적으로 관련성 높은 정책과 프로그램(culturally and linguistically relevant policies and programmes)'을 통해 다양성 문제를 인지하면서, 그들의 건강문제에 접근하게 한다(Kobayashi, et al., 2008). 의료현장은 물론, 지역 사회 건강관리 맥락에서도 다양한 건강에 관한 믿음과 관행이 있을 수 있음을 인지하고, 공중에 대한 조사를 바탕으로 메시지와 매체 전략을 수립하고 소통해야 한다.

3) 건강의 맥락적 구성주의와 문화적응

질병의 생의학적 관점을 따르면, 의사는 질환 발견과 치료에 치중하면서, 질병의 사회적·심리적 요인을 배제하고 환자의 말에 가치를 부여하지 않고, 건강행동에 대한 대화를 소홀히 하는 경향이 있다(Nettleton, 1995/1997; Loustaunau & Sobo, 1994/2004). 반면 건강의 맥락적 구성주의는 사회경제적 지위, 가족·직장환경, 사회적 지지, 불평등, 커뮤니케이션 등 맥락이 건강에 영향을 준다는 점에 주목한다(Campo & Mastin, 2007). 의료현장에서도 민족성, 언어, 문화 차이에 대한 이해가 합당한 보살핌을 환자에게 제공하는 데 중요하다(Hearnden, 2008). 건강의 맥락적 구성주의는 취약계층이 직면한 건강문제를 분석하는 데 유용한 분석 틀인데, 이주민의 목소리를 청취하고, 이들의 경험을 공유하면서 이들의 건강문제에 접근할 수 있게 한다.

건강의 맥락적 구성주의는 이주민을 동질적으로 보거나 고정관념에 의존해 건강 행동을 해석하는 라이프스타일 중심 관점과는 달리(Hunt, et al., 2004), 건강이 사회적·행동적 요인의 산물이며, 흡연, 음주, 운동, 스트레스 등과 함께 계급, 지역, 인종, 젠더 등 사회구조 내에서의 위치에 의해 건강이 영향을 받는다고 본다(Nettleton, 1995/1997). 이는 비판적 헬스커뮤니케이션 관점과 상통하는데, 건강문제 해결을 위한 사회의 책임을 강조한다(Higgins, et al., 2006). 이 관점을 따르면, 치료는 신체적인 것뿐 아니라 사회적, 정신적, 심리적인 의미를 가지며, 좋은 건강은 질병이 존재하지 않는 상태일 뿐 아니라 환자의 존엄과 자존감 회복을 뜻한다(Singhal & Chitnis, 2005). 한편, 사회문화적 맥락은 다양한 방식으로 건강에 영향을 준다. 미국에서 인터뷰에 참여한 히스패닉 이민자 여성 20명 중 15명이 외모나 영어 실력과 연관해서 차별을 느꼈다고 말했는데, 이민자라는 이유와 영어 때문에 의료진에 의해 무시되고, 제대로 치료 등 건강관리를 받지 못했다고 보고했으며, 더 기다려야 했고, 약속을 잡기 위해 싸워야 했다고 말했다(Sanchez-Birkead et al., 2011). 젠더도 중요한데, 한국 여성들은 가정일이나 자녀 교육에 비해 질병 예방에 대해 우선순위를 부여하지 않고, 아프지 않으면 병원에 가지 않는 경향이 있다고 한다(Ryu, et al., 2008).

건강의 맥락적 구성주의는 사회적 약자·소수자의 목소리와 경험을 통해 건강문제를 분석한다. 즉, 이주민의 참여를 통해 이들을 건강 주제에 관여시키고, 목소리를 내면서 의미를 개발하고, 공유하게 하며 스스로 건강이슈를 발견하고, 규정하며, 그 건강문제가 그들에게 왜 관련되는지를 말하고, 대안을 찾도록 이끈다(Aldoory, 2001). 이 연구는 건강유지의 유일한 방법으로 의학적 기술의 개입을 가정하는 생의학적 모델에서 탈피해 건강의 맥락적 구성주의에 주목했다. 건강

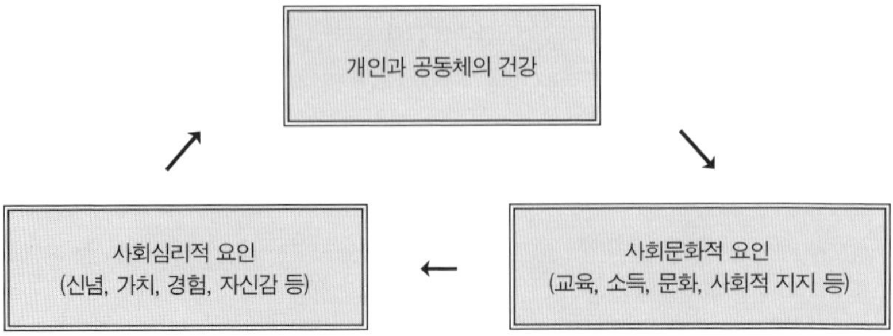

〈그림 5-1〉 건강의 맥락적 구성주의 이해

의 맥락적 구성주의는 〈그림 5-1〉과 같은 요소들을 통해 이해할 수 있다.

새로운 나라에서의 '문화적응(acculturation)'과 이주민의 건강은 관련이 깊다(Salant & Lauderdale, 2003). 즉 이주민의 문화적응 정도가 이민자의 스트레스 극복에 중요한 자원이며, 건강에 영향을 준다(김현실, 2006). 문화적응을 '문화변용'이라고도 부르는데, 이는 한 문화권에서 일차적 학습을 마친 사람이 이주를 통해 다른 문화권의 태도, 신념, 가치관을 학습하는 과정에서 나타나는 변화 과정을 뜻한다(Hazuda, Stern, & Haffner, 1988). 문화적응이 건강에 미치는 영향에 관한 연구 결과를 보면, 문화적응이 젊은 아시아계 아메리칸 여성의 자궁경부암 검진과 히스패닉계 여성의 유방암 검진과 긍정적 관계에 있다는 연구가 있다(Tang, Solomon, Yeh, & Worden, 1999). 즉 미국문화로의 적응을 더 할수록 검진에 더 적극 참여했다는 것이다. 또한, 영어를 더 자주 사용하는 미국문화에 적응한 멕시칸계 여성들이 영어를 덜 사용하는 멕시칸계 여성들보다 운동을 더 많이 했다는 연구결과도 보고되었다(Masel, Rudkin, & Peek, 2006).

문화적응 양상을 '동화(assimilation)', '통합(integration)', '분리(separation)', '주변화(marginality)'로 분류하기도 한다(Berry, 1997). 이는 모국 문화 유지와 새로운 문화를 받아들이는 정도를 고려해 문화적응 양상을 유형화한 것이다. 동화는 모국 문화는 버리고 새로운 문화를 받아들여 주류문화에 흡수되는 경우이며, 통합은 모국 문화도 유지하면서 새로운 문화를 받아들이는 현상, 분리는 모국 문화만 유지하고 새로운 문화를 받아들이기를 거부하는 경우, 주변화는 모국 문화도 유지하지 못하고, 새로운 문화와의 접촉도 없는 상황을 뜻한다. 문화적응 유형 구분은 단순히 동화 과정을 묘사한 것이 아니라 모국 문화와 새로운 문화와의 역동적 관계를 보여준다. 주류사회와 관계유지에 긍정적 관점을 가지면 통합과 동화, 모국 문화의 정체성과 특성유지에 더 긍정적이면 통합과 분리, 주류와 모국 문화에 모두 부정적이면 주변화에 해당한다고 해석된다(이수범 · 장성준, 2011, 263쪽).

문화적응 정도는 이민자의 인구사회학적 요인에 따라 건강에 긍정적, 부정적, 때로는 불명확한 결과를 낳는다. 미국 라티노를 대상으로 문화적응과 건강의 관계를 조사한 연구에 따르면, 미국 사회에 덜 문화적응된 사람들이 흡연, 음주, 마약 등 위험 행동을 덜 취하는 반면, 상담, 검진, 치료 등 건강관리 서비스에 대한 접근과 이용도 더 적었다(Hunt, et al., 2004). 또한, 미국 주류문화로 적응할수록 약물, 음주, 흡연, 임신 중 흡연이나 약물, 저체중아 출산 같은 부정적 건강행동과 더 많이 관련되고, 검진, 건강정보 습득, 예방 서비스 이용 같은 건강을 위한 행동도 더 자주 한다고 한다(Lara, Gamboa, Kahramanian, Morales, & Baytista, 2005). 즉 미국문화에 동화될 경우 흡연, 마약, 음주 등 미국문화에 만연한 건강위험행동에 더 이끌릴 수 있고(김현실, 2006), 동시에 진단과 검진 등의 행동도 더 할 수 있다는 점에서 주류문화에 따라 문화변용의 영향은 달라진다.

이주한 나라가 상업화되고 자유로운 문화권일 경우 적응할수록 검진, 예방 등에 대한 정보를 많이 습득하고, 건강에 유익한 의료적 행동에 더 노출되는 반면, 음주, 흡연, 약물남용 같은 건강위험행동도 더 수용할 수 있다. 한국에서 이주민들의 헬스커뮤니케이션에 대한 연구에 의하면(정의철 · 권예지 · 이선영, 2012), 한국어 능력 부족으로 병의원 방문을 꺼리는 것이 질병과 같은 민감하고 복잡한 문제에 대해 커뮤니케이션하지 않는 경향과 관계되었고, 이는 문화적응의 지표 중 하나인 한국어 능력이 좋을수록 의료서비스 접근과 만족에 긍정적 영향을 줌과 연결된다. 한편, 한국에서 이주민은 만연한 음주, 흡연 같은 부정적 건강행동을 따라 하지 않는 경향을 보였는데 이는 동화여부보다는 고강도의 직장노동과 가사노동, 스트레스로 인해 이런 행동을 접하기조차 어려운 환경에 처해 있다고 해석된다. 문화적응의 복합적 영향을 고려할 때, 거주하는 나라의 지배적 문화를 무조건 받아들이는 것보다는 건강에 유익한 가치관, 태도, 행동을 선별적으로 수용하도록 설득하고, 공감을 유도하는 헬스커뮤니케이션 전략이 필요하다. 주류문화로의 무조건적 동화나 일방적인 문화변용을 강조할 것이 아니라 건강에 도움이 되는 문화적 관행이나 행동은 채택하도록, 건강에 해로운 문화적 관행이나 행동은 거부하도록 메시지를 설계하고, 이에 관한 대화를 촉구해야 한다. 이 과정에서 보건캠페인, 건강 관련 뉴스와 방송 프로그램, 건강에 대한 대인 간 대화 등 헬스커뮤니케이션 노력의 활성화가 요구된다.

제6장

연구방법과 연구절차

제6장 연구방법과 연구절차

1) 참여적 연구와 비판적 헬스커뮤니케이션

이주민 등 소수자들은 공동체 조직 같은 믿을 수 있는 조직으로부터 소개되지 않는 한 연구에 참여하지 않거나 솔직하게 답변하지 않는 경향이 있고, 연구를 위해 도달하기 어려운 그룹으로 볼 수 있기 때문에, 이들 그룹을 연구에 참여시키기 위해서는 이들의 공동체 조직을 활용하는 것이 유익하다(Nguyen, et al., 2010). 이 연구는 이주민 공동체, 이주민지원센터, 다문화가정진료센터 등 이주민 관련 조직과 네트워크를 활용해 연구를 위한 인터뷰 참가자를 모집했다. 이는 접근하기 어려운 집단의 신뢰를 얻고, 연구에 참여하도록 유도할 수 있으며, 진실한 응답을 이끌어내는 데 유용한 방법으로 볼 수 있다. 〈그림 6-1〉은 이 연구를 위한 인터뷰를 도와준 국립중앙의료원 다문화진료센터에서 이주민 환자들과 인터뷰를 시작하기 전의 모습이다.

공동체 기반 참여적 연구방법은 연구자와 연구 대상(참여자)들이 긍정적인 사회변화라는 목적을 공유한 데 기반하며, 이주민 등 소수자의 건강문제 분석과 해결책 제시에 적절한 연구방법이다(Stacciarini, et al., 2011). 연구가 '참여적'일 수 있는 이유는 연구자가 연구주제와 관련된 단체들에 장기간의 관여를 이어 오면서, 자연스러운 대화와 관찰을 병행했음에도 기인한다.[1]

〈그림 6-1〉 인터뷰를 주선해 준 국립중앙의료원에서 필리핀 출신 이주민들과 다문화가정진료센터 간호사와 인터뷰 준비 중

인터뷰를 위해 다양한 이주민 단체들을 접촉하고, 방문해 우호적 관계인 '라포(rapport)'를 형성하고, 이를 통해 인터뷰 참여자들을 모집했다. 또한, 이주민을 연구과정에서 목소리를 내는 주체로 보면서 이들이 의견을 적극적으로 내도록 하고, 성실히 청취했다는 점에서도 '참여적' 연구라고 볼 수 있다. 대화와 참여를 강조하는 참여적 접근법(Basu & Dutta, 2007; Bernhardt, 2004; Sanchez-Birkead et al., 2011; 정의철, 2011)은 공동체 구성원이 건강에 대한 근심을 능동적으로 표현하는 과정에 초점을 둔다. 이를 통해 나쁜 건강의 사회적 원인을 찾을 수 있고(가난이나 소외, 차별 등), 적극적으로 대화하고, 개입하며, 예방할 수 있다(Singhal & Chitnis, 2005).

질적 연구는 건강과 같은 민감한 주제에 대해 문화적 차이를 고려

1) 연구자는 이주민 주도 미디어 단체에 수년간 자문위원, 후원회원, 운영위원으로 참여해 왔다. 그동안 정기총회, 이주민영화제, 자문위원회, 문화행사 등에 '방관자(spectator)'가 아닌 구성원으로서 참여해 왔고, 이 과정을 통해 이주민 단체 활동에 대한 직접 접촉과 경험을 쌓아왔다. 이주민들과의 상호작용을 통해 자연스럽게 그들의 건강에 관한 정보 욕구와 커뮤니케이션 방식에 대해 이해할 수 있었다.

하면서 솔직하게 이야기하도록 유도하는 데 적절하다(Dias, et al., 2010; Dutta, 2006). 특히, 인터뷰 기법이 이민자 등 건강불평등을 겪고 있는 계층의 경험에 대한 심층적 이해와 분석, 대안 모색에 유리하다(Cheong, 2007; Johnson, et al., 2004). 즉, 인터뷰 내용과 그 과정에 대한 분석을 통해 연구에서 감정과 생각이 잘 탐색되지 않는 소수자 집단의 목소리를 드러내게 하고 해석해 낼 수 있다(Sanchez-Birkead et al., 2011). 포커스그룹인터뷰나 심층인터뷰 같은 질적 방법은 탐색적 연구에 적절하며, 인터뷰 참가자들이 그들의 목소리를 내는 장을 제공한다는 의미가 있다(Aldoory, 2001). 이 연구는 인터뷰 기법을 통해 연구참여자인 이주민들이 그들의 경험과 의견을 표현할 수 있도록 했으며, 이후 심층적 해석을 통해 그들의 건강증진을 위한 커뮤니케이션 차원의 대안들을 모색했다.

2) 인터뷰 참가자 모집과 연구 수행

이 연구를 위한 인터뷰는 2012년 2월~2012년 6월에 걸쳐 결혼이주여성과 이주노동자들을 직접 만나 수행했다.[2] 2013년 초에는 이주민을 진료하거나 상담한 의료인들과 상담사들을 만나고 인터뷰했다. 먼저, 사전조사를 위해 다섯 명의 이주노동자를 인터뷰했고, 이를 바탕으로 질문지 내용을 수정하고, 보완하였다. 이주민 건강에 관한 다양한 선행연구와 문헌을 참고해(Cheong, 2007; Johnson, et al., 2004; Sanchez-Birkead et al., 2011), 몇 차례 수정 보완을 거쳐 질적 연구에 맞도록 반구조적 질문지를 도출했다. 인터뷰에 참여하는 이주민이 편

2) 이 연구는 2012~2013년 필자가 연구책임자이자 제1 저자로 참여한 연구를 바탕으로 했고, 그 후 추가 인터뷰 조사와 함께 이론적 분석을 대폭 보강하였다.

하게 이야기할 수 있도록 인터뷰 장소와 시간을 정했고, 자유로운 분위기를 조성했으며, 인터뷰 진행 중 새로운 질문을 추가하고, 특이사항들도 관찰하고 기록했다.

이 연구의 '이차적 조사방법(secondary method)'으로는 이주민 관련 단체와 국립중앙의료원을 방문해 인터뷰를 수행한 것이다. 특히, 이주민의 건강문제를 상담하고, 진료하는 국립중앙의료원의 의사 1명, 간호사 1명, 이들의 건강문제를 상담해 준 사회복지사 1명을 인터뷰했으며, 이는 연구결과를 보조하는 이차적 자료로 의미가 있다고 판단된다. 사전조사와 함께 '이차적 조사방법'을 통해 이주민들이 겪는 건강문제의 특성과 함께 헬스커뮤니케이션의 과정에 대한 정보를 수집했다.

인터뷰는 연구자와 인터뷰 방식을 교육받은 연구보조원이 직접 방문해 이루어졌다. 인터뷰 내용은 인터뷰 참여자의 동의하에 녹취되었다. 성남이주민센터, 한국이주여성인권센터, 국립중앙의료원다문화가정진료센터, 인천 풍성다문화지원센터, 동대문구 다문화가족지원센터 등 이주민 관련 기관들을 방문해 연구의 취지를 설명하고, 질문 개요를 전하면서 인터뷰 참가자를 모집했다. 이후 인터뷰 참여자의 편의에 따라 일정과 장소를 정해 인터뷰를 진행했다. 〈그림 6-2〉는 인터뷰 진행을 도와준 인천의 풍성다문화지원센터의 모습이다.

이주노동자 20명, 결혼이주여성 30명이 처음 인터뷰에 참여했는데 이 중 42명(결혼이주여성 22명, 이주노동자 20명)과의 인터뷰 내용을 연구 분석에 사용했다. 이들의 한국 체류 기간은 4개월부터 190개월까지 다양하게 분포되어 있었다.

인터뷰 참가자들은 모두 수도권에 거주하는 이주민들(서울: 28명, 경기·인천: 14명)이었다. 〈표 6-1〉은 인터뷰 참가자에 관한 출신국, 성별, 직업, 나이 등에 관한 정보를 보여준다.

〈그림 6-2〉 풍성다문화지원센터

〈표 6-1〉 인터뷰 참가자 명단(계속)

분류	순	표기	출신국	성별	직업	거주지	나이	체류기간
결혼이주여성 (주부)	1	A	필리핀	여	주부	경기	36세	60개월
	2	B	필리핀	여	주부	경기	39세	156개월
	3	C	스리랑카	여	주부	경기	36세	92개월
	4	D	베트남	여	주부	서울	28세	84개월
	5	E	베트남	여	주부	경기	24세	42개월
	6	F	베트남	여	주부	경기	30세	60개월
	7	G	필리핀	여	주부	서울	49세	144개월
	8	차	일본	여	주부	서울	43세	96개월
결혼이주여성 (직장)	9	H	중국	여	사무원	서울	30세	96개월
	10	I	중국	여	사무원	서울	38세	108개월
	11	J	몽골	여	사무원	서울	27세	30개월
	12	K	캄보디아	여	상담원	서울	28세	64개월
	13	L	베트남	여	상담원	서울	28세	108개월
	14	가	중국	여	다문화강사	서울	31세	108개월
	15	나	일본	여	회사원	서울	46세	180개월
	16	다	베트남	여	통번역지원사	서울	27세	72개월
	17	라	중국	여	다문화강사	서울	37세	24개월
	18	마	중국	여	통번역지원사	서울	36세	96개월
	19	바	몽골	여	통번역지원사	서울	38세	156개월

	20	사	베트남	여	다문화강사	서울	25세	48개월
	21	아	일본	여	다문화강사	서울	44세	120개월
	22	자	필리핀	여	다문화강사	서울	28세	60개월
이주노동자 (여)	23	M	필리핀	여	가사도움	서울	51세	120개월
	24	N	중국	여	가사도움	경기	54세	4개월
	25	O	중국	여	가사도움	경기	65세	60개월
	26	P	중국	여	가사도움	경기	64세	48개월
	27	Q	필리핀	여	가사도움	서울	39세	60개월
	28	R	몽골	여	청소	인천	44세	75개월
	29	S	몽골	여	파트타임	서울	21세	36개월
	30	T	우간다	여	의류공장	서울	32세	48개월
	31	U	나이지리아	여	학생	서울	30세	12개월
	32	V	몽골	여	식당종업원	서울	46세	120개월
	33	W	네팔	여	모바일 회사	인천	23세	17개월
이주노동자 (남)	34	X	방글라데시	남	파트타임	경기	38세	216개월
	35	Y	방글라데시	남	공장노동자	경기	45세	144개월
	36	Z	방글라데시	남	꽃농장일용직	경기	50세	192개월
	37	a	이란	남	일용직	서울	38세	66개월
	38	b	몽골	남	일용직	서울	47세	60개월
	39	c	인도네시아	남	자동차부품공장	경기	36세	38개월
	40	d	네팔	남	회사원	인천	36세	48개월
	41	e	네팔	남	철강공장근로자	인천	22세	6개월
	42	f	네팔	남	이직 준비중	인천	23세	무응답

인터뷰 참가자당 1시간 정도 인터뷰를 진행했다. 주로 1 대 1 면대 면 인터뷰가 진행되었지만, 2~3명이 동시에 인터뷰에 참가한 경우도 있었다. 한국어가 서툴고 모국어가 익숙한 사람은 한국어가 능숙한 자국 출신과 함께 2~3명씩 그룹을 지어 인터뷰를 하기도 했다. 한국어가 서툰 네팔 출신의 경우, 한국어가 능숙한 자국민이 통역을 해주었고, 이 경우 인터뷰 시간은 1시간 30분 정도 소요되었다. 한국

〈그림 6-3〉 네팔 출신 이주민과 인터뷰를 진행하는 모습

어가 능숙한 인터뷰 대상자는 한국어로, 한국어와 영어를 동시에 쓰는 인터뷰 대상자는 한국어와 영어를, 한국어를 들을 줄 알지만 말할 줄 모르면서 영어를 할 줄 아는 경우는 영어로 인터뷰를 진행했다.

이 연구는 인터뷰 내용 녹취와 함께 인터뷰 진행 중에 드러나는 여러 상황들을 기록해 연구결과를 종합적으로 해석하기 위한 자료로 활용하였다. 인터뷰 초반 한국어 질문을 모두 알아듣고 대답했으나 인터뷰 도중 주변인(동료 환자)에 의해 법적 지위(미등록체류)가 노출된 후에는 말하기를 주저하는 모습도 관찰할 수 있었다. 자국 출신의 이주민과 있을 때는 인터뷰 때와 다르게 활발하게 대화를 나누고, 웃는 모습을 볼 수도 있었다. 이는 인터뷰 환경의 자연스러움, 조사원의 훈련 정도와 인터뷰 기술, 당일 인터뷰 참가자의 심리 상태 등이 인터뷰의 진행과 내용에도 영향을 줄 수 있음을 암시한다.

제7장

연구결과와 해석

제7장 연구결과와 해석

1) 인터뷰 참가자의 특성 분석

인터뷰에 참여한 이주노동자와 결혼이주여성들은 모두 서울, 인천, 경기도 성남 등 수도권에 거주하고 있었다. 결혼이주여성 22명 중 전업주부인 경우가 8명, 파트타임이나 풀타임으로 일하는 경우가 14명이었다. 이주노동자 20명 중 여성이 11명, 남성이 9명이었다. 인터뷰 참가자 중 여성이 33명으로 다수를 차지하고 있었다. 인터뷰에 참가한 이주민의 국적별 분포를 살펴보면 〈표 7-1〉과 같으며, 중국, 필리핀, 베트남, 몽골, 네팔 출신들이 골고루 분포되어 있었다. 이는 한국사회 이주민의 출신국 분포와도 유사한 면이 있다. 이 연구는 중국이나 필리핀, 베트남, 몽골 등 특정 지역을 중심으로 진행된 연구들과는 다르게 이주민 전체를 대상으로 건강정보와 의료서비스 접근과 이용에서의 커뮤니케이션 문제와 대안을 파악하는 데 유용한 근거자료를 제시할 것으로 기대된다.

인터뷰에 참가한 이주민의 연령대를 보면 20대와 30대가 29명으로 전체의 69.1%를 차지했고, 다음이 40대로 8명(19%)이었는데, 젊은 층이 다수라는 특징이 있다. 이는 이주노동자와 결혼이주여성의 다수가 젊은 나이에 노동을 위해 이주한다는 점과 인터뷰 참여자를 이주민 센터나 이주민 공동체를 중심으로 모집했기 때문에 비교적 활

〈표 7-1〉 출신국 분포

항목	빈도(명)	퍼센트(%)
중국	8	19.0
필리핀	6	14.3
베트남	6	14.3
몽골	6	14.3
네팔	4	9.5
방글라데시	3	7.1
일본	3	7.1
스리랑카	1	2.4
캄보디아	1	2.4
우간다	1	2.4
나이지리아	1	2.4
이란	1	2.4
인도네시아	1	2.4
합계	42	100.0

〈표 7-2〉 연령분포

항목	빈도(명)	퍼센트(%)
20~30대	29	69.1
40대	8	19.0
50대	3	7.1
60대 이상	2	4.8
합계	74	100.0

발하게 이들 조직을 방문하고, 정보를 구하는 젊은 층이 주로 모집된 것에 기인하는 것으로 해석할 수 있다.

이 연구에 참여한 이주민의 체류 기간은 5~10년이 25명으로 59.5%, 10년 이상이 7명으로 16.7%를 차지하고 있었고, 1년 미만은 3명(7.1%)에 불과했다. 76.2%가 한국에 5년 이상 거주하고 있었

〈표 7-3〉 체류기간

항목	빈도(명)	퍼센트(%)
1년 미만	3	7.1
1~3년 미만	4	9.5
3~5년 미만	2	4.8
5~10년 미만	25	59.5
10년 이상	7	16.7
무응답	1	2.4
합계	42	100.0

〈표 7-4〉 교육 수준

항목	빈도(명)	퍼센트(%)
초졸	2	4.8
중졸	2	4.8
고졸	19	45.2
전문대졸	4	9.5
대졸	14	33.3
대학원 이상	1	2.4
합계	42	100.0

는데 이는 이 연구에 참여한 이주민들의 다수가 비교적 장기간 한국에 거주하거나, 정주한 경우인 것으로 해석할 수 있다. 이는 이주 초반에 겪는 단기적인 적응 문제보다는 구조적이고, 제도적인 차원에서 건강정보의 습득과 건강 관련 커뮤니케이션의 문제와 개선방안을 파악하는 데 적절한 집단이 연구에 참여하고 있음을 뜻한다.

이주민의 학력을 살펴보면 고졸이 19명(45.2%)으로 제일 많았고, 전문대 · 대졸 이상이 19명으로 같은 비중이었다. 이는 이주민의 학력이 낮을 것이라는 고정관념과 다르며 실제로 이주민들의 상당수는 본국에서 높은 교육수준을 갖고 있다고 한다. 즉, 출신국에서 비교적 높은 학력을 가지고 있음에도 이른바 "코리안 드림"을 위해 한국에 와서 노동하거나, 결혼을 위해 입국한 경우가 적지 않다고 해석할 수 있다.

건강보험 가입 유무를 보면 전체 42명 중 가입하고 있다는 응답이 27명으로 64.3%를 차지하고 있었다. 이는 결혼이주여성의 다수가 건강보험에 가입되어 있다는 점과 장기 체류자가 많아 건강보험을 가지게 되는 경우가 많다고 유추할 수 있다. 하지만, 인터뷰 결과에서 논의되고 있듯이, 건강보험을 가지고 있어도 모든 검진과 치료가 무료라는 것은 아니기 때문에 건강보험 유무가 비용부담 정도와 직결되는 것은 아닐 수 있다.

이주민의 한국에서의 가족 구성에 대한 정보는 이주민이 가지는 가장 기초적인 사회관계와 네트워크 형성, 가족과의 대화를 통한 사회적 지지를 얻는 정도를 유추할 수 있게 한다. 가족 구성을 보면 1인 가족이 14명(33.3%)으로 다수를 차지하고 있다. 이는 인터뷰 참가자 중 이주노동자가 절반에 가까우며, 이들 중 다수가 독신인 점에 연유하는 것으로 보인다. 다음으로 부부와 1인 자녀의 경우가 12명으로 28.6%, 부부만의 경우가 6명으로 14.3%, 부부와 2인 자녀가 11.9%를 차지하고 있었다. 이렇게 본인 외에 가족이 있는 경우는 결혼이주여성의 가족 구성형태를 반영하는 것으로 해석할 수 있다. 독신의 경

〈표 7-5〉 건강보험 가입유무

항목	빈도(명)	퍼센트(%)
있음	27	64.3
없음	14	33.3
모름	1	2.4
합계	42	100.0

〈표 7-6〉 가족 구성

항목	빈도(명)	퍼센트(%)
1인	14	33.3
부부	6	14.3
부부 + 자녀 1명	12	28.6
부부 + 자녀 2명 이상	5	11.9
부부 + 자녀 + 시부모	3	7.1
기타	2	4.8
합계	42	100.0

〈표 7-7〉 친구 비중

항목	빈도(명)	퍼센트(%)
자국 친구	5	11.9
자국 + 한국 친구	9	21.4
자국 + 타국 친구	4	9.5
자국 + 한국 + 타국 친구	20	47.6
타국 친구	1	2.4
없음	1	2.4
무응답	2	4.8
합계	42	100.0

우 가까운 사회관계인 가족으로부터의 사회적 지지가 없는 가운데 의료서비스 이용 등 건강관리는 물론, 건강정보의 습득과 공유가 더욱 제한될 수 있을 것으로 유추할 수 있다.

이주민은 자국 친구만 있다는 경우가 5명(11.9%)이었지만, 자국과 한국, 타국 친구가 모두 있거나 자국과 한국친구가 모두 있는 경우(20명, 47.6%), 자국과 한국친구를 가지고 있는 경우(9명, 21.4%)가 더 많았다. 타국 친구만 있다거나 친구가 없다는 응답은 각각 1명밖에 되지 않았다. 이는 5년 이상의 장기체류자가 인터뷰 참가자의 다수

(67.2%)를 차지하는 현실을 고려할 때, 오래 체류할수록 자국뿐 아니라 한국과 타국 친구들을 사귀게 되면서 인간관계가 확대되는 것으로 가정할 수 있다. 위의 결과를 감안하면, 이주민들이 초기의 고립에서 벗어나 자국, 한국, 타국 친구로 대인관계를 확대함을 알 수 있다. 또한, 대인 채널과 사회적 지지의 핵심 원천이 가족과 함께 친구 관계임을 고려할 때 이주민의 가까운 친구 관계를 활용한 건강정보 공유와 확산 노력이 유익할 것임을 알 수 있다.

2) 이주민의 질병과 건강에 대한 인식 및 태도

질병에 대한 부정확하거나 왜곡된 믿음과 지식은 질병에 대한 잘못된 인과관계에 대한 인식으로 연결될 수 있다. 반면, 질병에 대해 정확하게 인식할수록 건강을 위해 도움을 구하고, 치료를 받아들이고, 의료진의 권고에 충실하게 따르게 하는 등 긍정적 영향을 준다(Gholizadeh, et al., 2009). 특히, 이민자가 가지는 전통적인 건강 관련 믿음이나 관행이 건강관리에 대한 결정과 행동에 영향을 주기 때문에, 이를 분석하는 것은 이민자의 건강관리 시스템 접근과 이용 패턴을 이해하는 데 도움을 준다(Sanchez-Birkead et al., 2011). 즉 사회문화적으로 형성된 건강 관련 행동이나 문화에 건강 관련 믿음・인식이 영향을 주게 된다.

허벌 등의 연구(Hubbell et al., 1996)에서는 미국 사회에 문화적응이 충분히 되지 못한 이민자의 유방암에 관한 지식 부족을 "도덕 프레임"으로 설명하면서, 이들이 질병을 비도덕적 행동에 대한 신의 처벌로 인식한다고 주장한다. 고정관념에 근거한 연구는 이주민–내국인, 민족적 문화–주류문화, 저항–동화로 구분하는 양분법적 접근을 취

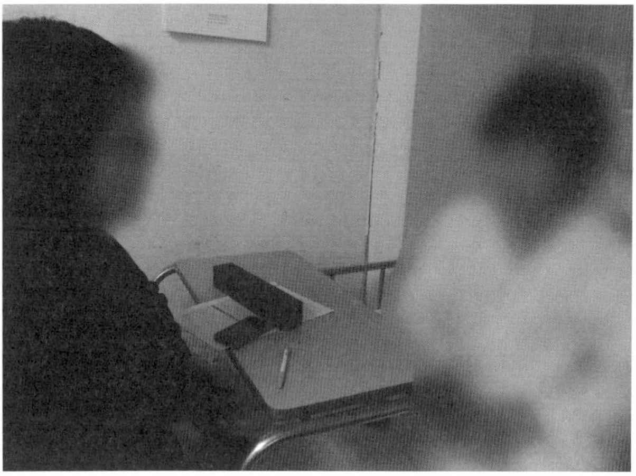

〈그림 7-1〉 몽골 출신 이주민과 인터뷰를 진행하는 모습

한다는 특징이 있다(Hunt, et al., 2004). 이러한 연구결과는 인종적 소수자가 건강에 대해 주류사회와 다른 믿음을 가질 것이라고 예단하는 고정관념에 기반을 두고 있다는 비판도 받는다. 반면, 이 연구는 문화적 맥락을 중시하면서도 고정관념에서 탈피해 다양한 배경을 가진 42명의 이주민들의 생생한 목소리를 듣는 것을 바탕으로 이들이 스스로 질병과 건강에 대한 인식, 건강관리에 대한 믿음과 태도, 행동에 대해 적극적으로 이야기하도록 하는 장을 갖고자 했다. 이를 위해 〈그림 7-1〉처럼 국립중앙의료원 등에서 입원하거나 치료받고 있는 이주민들을 직접 찾아가 만나 인터뷰를 하기도 했다.

심층인터뷰를 통해 먼저 이주민의 질병과 건강에 대한 기본적인 인식과 태도에 대해 알아보았다. 〈표 7-8〉과 같이 질병을 극복 가능하다는 응답이 35명(83.3%)으로, 극복 불가능하다는 응답 2명(4.8%)보다 훨씬 많았다. 극복 가능할 수도, 불가능할 수도 있다는 응답은 5명(11.9%)이었다. 이는 이주민이 질병을 숙명이라든지, 불가피한 현상

〈표 7-8〉 질병에 대한 인식

항목	빈도(명)	퍼센트(%)
극복 가능	35	83.3
극복 불가능	2	4.8
둘 다(극복 가능 + 불가능)	5	11.9
합계	42	100.0

또는 신의 처벌 등으로 보는 것이 아니라 극복 가능한 대상으로 능동적으로 인식하고 있음을 보여준다.

인터뷰에서는 좀 더 구체적으로 질병에 대한 인식과 태도를 이야기하도록 했다. "질병은 고칠 수 있고 건강하다는 것은 돈보다 가치 있는 것"(1, 결혼이주여성/주부, 필리핀, 여성, 36세), "고칠 수 있고 건강이 최고"(4, 결혼이주여성/주부, 베트남, 여성, 28세)" 등의 응답이 있었다. 병을 고칠 수 있다고 인식하는 이유로는 "한국의 높은 의학 수준," "병을 고칠 수 있다는 믿음," "가족이나 친구의 지지" 등이 주로 언급되었다. 아래는 이와 관련한 언급들이다.

> 고칠 수 있다고 생각해요. 위암 같은 거라도. 우리 남편도 담배 많이 피웠어요. 남편이 위암에 걸릴까봐 걱정이에요. 걸린다고 해도 고칠 수 있다고 생각해요(1, 결혼이주여성/주부, 필리핀, 여성, 36세).

> 고칠 수 있다고 생각해요. 지금 아픈 게 괜찮으니 고칠 수 있다고 생각해요(38, 일용직/이주노동자, 몽골, 남성, 47세).

> 예전에는 못 고친다고 했지만 과학이 발달해서 요즘은 많이 고치고 있잖아요. 그리고 본인의 마음도 중요하다고 생각해요. 나는 고칠 수 있다고 마음속으로 믿어야 돼요. 믿음 없이 약만 먹어서는 안 된다고

생각해요(10, 사무원/결혼이주여성, 중국, 여성, 38세).

병을 고칠 수 있다고 생각해요. 가족들을 위해서 우리는 건강해져야 하고, 건강해지기를 원해요(7, 주부/결혼이주여성, 필리핀, 여성, 49세).

위의 의견들처럼 이주민이 질병을 숙명론적이고, 불가사의한 것으로 여기거나 잘못된 믿음을 갖고 있다는 고정관념에 바탕을 둔 일부 서구의 연구들이 있지만, 한국에 거주하는 이주노동자와 결혼이주여성들은 능동적으로 질병에 대한 인식과 태도를 형성하고 표출하고 있었다. 다음으로, 이주민의 건강과 건강함에 대한 인식을 살펴보았다. 13명(34.2%)은 신체적 건강이 중요하다고 답했고, "신체와 정신 건강" 모두 중요하다는 답변은 11명(28.9%)이었다. 건강에 대해 생각할 때, 신체 건강을 중심으로 인식하는 경향이 다소 많았지만 정신적·신체적 건강의 가치를 모두 중요하게 인식하는 등 건강함에 대한 적극적 입장도 적지 않게 표출되었다. 반면, 건강에 대한 인식에 대해 언급하지 않은 응답자도 적지 않았다(14명, 36.8%). 이는 이주노동자나 결혼이주여성이 처한 고단하고 바쁜 일상으로 인해 건강에 대해 특별히 생각해 본 적이 없거나, 젊은 층이 많은 상황에서 본인의 건강을 낙관적으로 평가하는 "낙관적 편견"의 영향으로 건강에 대한 관심이 크

〈표 7-9〉 건강에 대한 인식

항목	빈도(명)	퍼센트(%)
신체적 건강 중요	13	34.2
신체·정신 건강 중요	11	28.9
언급 안 함	14	36.8
합계	38	100.0

지 않을 수 있다는 해석을 가능하게 한다. 아래는 건강과 건강함에 대한 좀 더 자세한 의견들이다.

> 건강이라는 것은 육체적, 심리적, 도덕적으로 건강해야 건강하다고 생각해요(34, 이주노동자/파트타임, 방글라데시, 남성, 38세).

> 건강하면 모든 게 가능하지만, 건강하지 않으면 다 없어요. 아주 중요한 거예요(33, 이주노동자/모바일회사, 네팔, 여성, 23세).

> 육체적, 정신적 건강 모두 중요해요. 내 생각에 건강은 가치 있는 모든 것. "고칠 수 있고 건강하다는 것은 돈보다 가치 있는 것이에요: Health is worth everything even if you have money"(1, 결혼이주여성/주부, 필리핀, 여성, 36세).

> 건강이라면 꼭 아프지 않아서, 아프지 말아야 된다기보다는 하루를 즐겁게 살 수 있고, 몸에 피로가 없다고 생각하면 건강하다고 생각해요(10, 결혼이주여성/사무원, 중국, 여성, 38세).

> 사람은 건강해야 해요. 건강하지 않으면 아무것도 못 해. 사람은 건강할 때 몸에 필요한 걸 챙겨 먹어야 해요. 보통 몸과 마음이 다 건강해야 하는 거죠(18, 결혼이주여성/통번역지원사, 중국, 여성, 36세).

건강을 질병 유무나 의학적 판단만이 아니라 즐겁게 살 수 있고, 다른 모든 일을 자신 있게 할 수 있는 상태로 보는 관점도 제기되었는데 이는 건강에 대한 적극적인 태도를 반영한다. 특히, 마음적, 정신적으로 외롭지 않고, 활기차고, 생활하는 데 불편함이 없어야 건강하다고 생각한다는 아래 의견은 건강을 의료나 질병 유무만이 아니라 일상에서의 생활과 관계 중심으로 인식하고 있음을 보여준다.

> 병에 걸리지 않아서 건강하다는 것도 있고, 마음적으로도 외롭지 않고, 정신적으로도 활기차고 긍정적이어야 건강하다고 할 수 있는 것 같아요(11, 결혼이주여성/사무원, 몽골, 여성, 27세).

> 우리 육체상이나 정신상에서 다 잘 통하고, 아픈 데 없고 하면 이것이 건강이라고 생각해요. 생활하는 데 불편함이 없는 거요(25, 이주노동자/가사도움, 중국, 여성, 65세).

다음은 질병의 원인을 어떻게 인식하는지 알아보았다. 인터뷰 참가자들은 〈표 7-10〉과 같이 질병이 발생하는 원인으로 흡연이나 식습관 같은 생활습관(20명, 27.0%)을 가장 많이 언급하였다. 그 다음으로는 스트레스(19명, 25.7%), 과도한 일(10명, 13.5%), 외부위험요인(바이

〈표 7-10〉 질병이 생기는 원인

항목	빈도(명)	퍼센트(%)
생활습관(흡연, 식습관)	20	27.0
스트레스	19	25.7
과도한 일	10	13.5
외부위험요인(농약, 바이러스 등)	8	10.8
생물학적 원인(유전 등)	6	8.1
운동부족	4	5.4
기타	4	5.4
사회적 요인(친구 등)	2	2.7
모름	1	1.4
합계	74	100.0

러스, 농약 등, 8명, 10.8%), 생물학적 원인(유전 등, 6명, 8.1%) 등을 발병 원인으로 인식하고 있었다.

질병 원인에 대해서도 일상에서의 습관, 식생활, 스트레스나 과도한 일 등에 주목하고 있었고, 신의 처벌, 우연, 숙명 등 비현실적으로 질병 원인을 인식하는 경우는 없었다. 서구의 일부 선행연구의 주장과 달리 이주민이 가지는 질병 원인에 대한 현실적인 인식은 질병에 대해 노력을 통해 예방할 수 있고, 극복 가능하다고 인식하는 관점과도 일맥상통한다고 볼 수 있겠다.

인터뷰를 분석해 보면, 질병 원인에 대한 인식에서 결혼이주여성이냐, 이주노동자냐에 따라 응답의 차이가 있었다. 이주노동자의 경우 질병이 과중한 노동이나 유해한 노동환경으로 인해 생긴다고 언급한 경우가 많았지만 결혼이주여성들은 임신, 출산, 운동, 흡연 등 생활 측면과 스트레스를 지적하는 경우가 더 많았다. 이는 이주노동자와 결혼이주여성이 직면하는 일상에서의 건강위험 요인의 차이를 보여준다고 해석할 수 있다. 공통적으로 스트레스를 질병 원인으로 언급한 경우가 많았는데, 이주노동자나 결혼이주여성이나 이주로 인한 사회적 지지 부족과 정착과정에서의 스트레스, 문화적 · 언어적 차이로 인한 불안 등이 스트레스 요인이 되고, 건강에도 부정적 영향을 줄 수 있다고 해석할 수 있겠다.

> 질병은 보통 생활습관이나 직업 때문에 일하면서 생기는 거예요. 그리고 스트레스 해소 못하면 생길 수 있다고 생각해요(14, 결혼이주여성/다문화강사, 중국, 여성, 31세).

> 두 가지 있어요. 일 많이 할 때 병 걸려요. 무거운 거 들어서 뼈가 다 쳤어요(36, 이주노동자/일용직, 방글라데시, 남성, 50세).

이주민들은 질병은 고칠 수 있고, 건강관리가 중요하다는 점도 인식하고 있었다. 또한, 증상이 있거나 아프면 병원을 방문해야 한다는 태도를 보였다. 아래 이주민들의 응답을 통해 질병 치료와 건강관리에 대한 인식과 태도를 더 잘 이해할 수 있다.

> 조그마한 증상이 나타나도 (병원에) 가야된다고 생각해요. 가슴 근육이 조금 이상하게 느껴져서 걱정이 됐어요. 그래서 여기 와서 검사를 받았어요(27, 이주노동자/가사노동, 필리핀, 여성, 39세).

> 건강할 때 가야 하는 것 같아요. 나이가 있으면 정기검진도 받고 해야 하는 것 같아요(32, 이주노동자/식당종업원, 몽골, 여성, 46세).

이주민들은 검진과 의료서비스 이용 등 건강관리에 대해 적극적 태도를 보였고, 건강관련 정보를 찾고 공유하는 등 헬스커뮤니케이션 노력에도 적극적인 경우가 관찰되었다. 이는 필요한 건강정보를 찾고, 커뮤니케이션하는 것이 건강관리의 시작이라는 점을 이주민들이 인식하고 있는 것으로 해석할 수 있다. 또한, 주민의 건강정보 욕구에 부응해 이들의 요구에 맞게 맞춤형으로 건강정보를 제공하는 커뮤니케이션 노력이 필요함을 알 수 있다. 아래 이야기들은 이주민의 건강에 대한 정보 욕구와 커뮤니케이션 노력을 잘 설명해 주고 있다.

> 나는 건강 주제에 대해서 잘 몰라서 무엇이든 더 알기를, 정보를 더

(건강정보를) 얻기를 원해요. 네, 뭐든지요. 그렇죠. 담배 끊는 것도 그렇고 여러 가지 다요(20, 결혼이주여성/다문화강사, 베트남, 여, 25).

의사에게 무엇을 먹어야 하는지, 비타민을 먹어야 하는지 물어보고 인터넷을 찾아보고 어떻게 예방해야 하는지 찾아봐요. 때때로 스스로 체크하고 처방하기도 해요(7, 결혼이주여성/주부, 필리핀, 여성, 49세).

인터넷은 자주 들어가요. 일하면서 수시로 보고 틈나는 대로 이것저것 휴대폰을 만져요. 거의 매일 인터넷을 사용하죠. 인터넷을 통해 건강정보 획득수준도 많은 편이에요. 요새 건강 기사가 많잖아요(17, 결혼이주여성/다문화강사, 중국, 여, 37세).

당뇨, 암에 대한 부분을 알고 싶어요. 가슴 질환도. 왜냐하면 힘든 일을 하거든요. 이것이 매우 중요하다고 생각해요(35, 이주노동자/공장노동자, 방글라데시, 남성, 38세).

(병의원에) 많이 가고 싶어요. 아프면 가고 싶어요. 일하면 때때로 기분이 좋지 않을 수 있어요. 그럴 때 병원에 가고 싶어요. 한국에 온 지 6개월 됐어요. 가고 싶은데 못가고…(33, 이주노동자/모바일회사, 네팔, 여성, 23세).

결혼이주여성은 본인은 물론, 가족의 건강을 위해 정보를 찾는 경우가 많았고, 이주노동자들은 심한 노동으로 인한 통증이나 성인병에 대해 좀 더 정보 욕구를 보이고 있었다. 33번 응답자처럼 병원에 가야 할 이유가 있고 가고 싶지만 못 가는 경우도 있었고, 오랜 기간 질병을 앓고 있거나 재정적 이유로 치료받지 못한 경험으로 인해 병을 고치기 힘들다고 답변하는 경우도 있었다. 이는 개인적 경험이 건강에 대한 인식에 영향을 줌을 보여준다. 한국에 12~18년 정도 머문 방글라데시 출신의 세 명의 남성 이주노동자들은(34, 35, 36번) 보험이 없고, 체류 자격 문제로 한국에서 의료혜택을 제대로 받을 수 없다고 주장했다. 이들 중 두 명은 오랫동안 질병을 앓고 있어 약을 먹어도 안 낫는 상황이었고, 높은 노동 강도와 비용문제, 시간 부족, 약의 장기복용으로 인한 다른 장기 약화라는 악순환이 반복되어 건강 상태가 좋지 않다고 말했다. 이들은 한국 거주 기간에 비해 한국어 능력도 부족한 편이었다. 한국어 부족으로 건강과 의료서비스 관련 정보를 찾기가 어렵고, 병의원 방문도 어렵다고 느끼면서 질병과 같은 민감한 문제에 대해 커뮤니케이션하기를 회피하는 것으로 연결된다고 해석된다. 이주노동자들에게 무료 의료서비스를 확대하고, 특히, 산업재해인 경우 적극적으로 보상을 신청하고 인정받을 수 있도록 제도 보완과 함께 한국어 교육과 통역서비스 강화도 필요함을 알 수 있다.

건강에 대한 인식은 "신체적"으로 아프지 않은 것을 기본으로 "정신적" 측면 모두를 고려하는 경우가 많았다. 결혼이주여성의 경우 가정이 화목한 것이 건강과 관련된다는 언급이 많았다. 건강이 한 개인의 경계를 넘어 가족과 공동체의 문제일 수 있고, 질병 유무라는 의학적 관점만이 아니라 즐겁고 평화로운 관계를 포함함을 알 수 있다. 여성이자 이주노동자의 경우는 아이나 가족을 부양하는 일과 직장 일을 동시에 하기 때문에 일할 수 있는 능력이 있는 것을 건강함으로 규정하기도 했다. 즉, 노동할 수 있는 권리를 갖고, 노동할 수 있는 상태에 있는 것을 건강의 한 부분이라고 인식하고 있었다. 이는 건강해야 노동할 수 있고 또 노동을 통해 건강관리를 위한 자원을 만들 수 있다는 점과 연결된다. 이주민들은 건강관리를 중요하게 인식하고 있지만, 비용문제와 고단한 일상 등으로 건강을 돌보는 적극적인 건강관리 행동을 하기는 쉽지 않은 것으로 나타났다. 즉, 일상 속의 조건들로 인해 실제 건강관리 행동을 하기에는 어려움이 큰 것으로 해석된다.

아래 이야기는 "건강한 이민자효과"를 반영하는 것으로 보인다. 처음 한국으로 이주했을 때는 건강했지만 한국에서의 강도 높은 노동과 유해한 노동환경, 고립된 생활, 고된 가사노동, 사회적 지지 부족, 정착과정에서의 생소함과 갈등으로 인한 스트레스 증가 등으로 건강상태가 악화될 수 있음을 알 수 있다. 아래는 이주노동자들의 이야기들이다.

> 네팔에 있을 때 매우 건강했고 여기서 많이 힘들어요. 나머지 분들도 똑같아요(33, 이주노동자/모바일회사, 네팔, 여성, 23세).

> 한국에 왔을 때는 건강했어요. 그러나, 일을 너무 많이 해서 지금은 아파요(23, 가사도움/이주노동자, 필리핀, 여성, 51세).

위의 언급처럼, 비교적 젊은 시기에 이주를 결행한다는 점에서 이주민들은 이주 전이나 이주 초기까지 건강했지만 건강상태가 점점 나빠지는 경향을 보였다. 과로와 위험한 작업환경, 법적 체류자격 불안정과 생소한 생활환경으로 인한 스트레스 등이 건강악화에 영향을 준다고 해석되며, 이를 고려하는 정책이 필요하다. 다음으로 병원에 대한 인식을 살펴보면 대부분의 이주민들은 병원을 아프거나 치료를 받아야 할 때 가는 곳이라고 인식하고 있었다. 아래 스리랑카 출신의

30대 결혼이주여성과 캄보디아 출신의 20대 결혼이주여성의 언급과 같이 병원의 역할을 증상 발견 후 치료를 위해 찾아가는 곳으로 제한적으로 인식하고 있는 경우가 많았다. 이는 이주민의 삶이 각박해 검진, 예방, 상담 등 병의원을 활용한 다양한 건강관리 방법들에 신경을 쓸 여건이 못 됨을 암시한다. 한편, 자신 또는 가족 등 가까운 사람이 심각한 질병으로 입원을 하거나 통원치료를 받는 모습을 보면서 병의원에 대한 인식이 치료에서 검진 등 예방과 건강관리를 위한 곳으로 변화됐다는 언급도 있었다. 아래는 20대, 30대 결혼이주여성과 이주노동자들의 응답인데, 아프고 증상이 있을 때 치료목적으로 병의원을 방문하며, 아프지 않은데 상담이나 검진을 위해 가는 경우는 거의 없음을 알 수 있다.

> 죽을 만큼 아플 때 가는 곳. 아플 때만 가는 곳. 아니면 안 가야 한다고 생각해요(3, 결혼이주여성/주부, 스리랑카, 여성, 36세).

> (아프지 않은데 상담, 검진받으러) 가는 습관 없어요. 아파야 가는 거죠. 아프지 않으면 안 가요. 다른 사람도 그런 거 아닌가요?(12, 결혼이주여성/상담원, 캄보디아, 여성, 28세)

> (병원은) 아플 때 가는 곳이라 생각해요. 그런데 지금 우리 언니가 많이 아프니까 미리미리 가야된다고 생각해요(29, 이주노동자/파트타임, 몽골, 여성, 21세).

> 아플 때 병원에 가지만, 아프지 않다면 병원에 가지 않아요. 병원에서 다시 오라고 하지 않으면 가지 않아요(30, 이주노동자/의류공장, 우간다, 여성, 32세).

일반인들도 그렇지만, 이주민들은 대체적으로 상담이나 검진보다는 병의원을 아플 때 찾아가는 치료의 장소로 인식하고 있었다. 특히, 이주노동자의 경우 아래와 같이 열악한 경제 상황과 노동환경으로 병의원 방문은 물론, 운동 등 건강관리를 위한 시간도 없는 등 건강권 실현에 어려움이 큰 것으로 파악되었다.

> 운동은 진짜 조금 해요. 일을 하다보면 시간이 없어요. 옛날 회사는 너무 힘들어요. 아침부터 저녁까지 일을 해요. 집에 와서는 그냥 잤어요. 계속 반복되었어요(39, 이주노동자, 인도네시아/자동차부품공장 남성, 36세).

종합하면, 상담, 검진, 치료 등 질병 예방과 적극적인 건강관리의 중요성과 방법들을 알리고, 설득하고, 공감시키는 커뮤니케이션 노력이 이주민 대상으로 이루어져야 함을 알 수 있다. 특히, 이주민이 처한 현실을 철저하게 이해함을 바탕으로 병의원을 상담, 검진, 예방 목적으로 인식하도록 유도하는 커뮤니케이션 노력과 함께 이주민을 위한 상담 검진과 치료 등의 기회를 적극 알리는 커뮤니케이션이 필요하다.

병의원 방문을 꺼리는 이유로는 두려움 등 검진과 치료에 대한 특정한 인식도 언급되었다(17, 결혼이주여성/다문화강사, 중국, 여, 37세; 20, 결혼이주여성/통번역지원사, 베트남, 여, 25세). 아래 언급은 병원을 고통이나 두려움과 연관해 생각하는 경향과 돌봐줄 사람이 없기 때문에 병의원 방문을 꺼리는 경우를 보여준다. 심각한 질병이 발견될 경우 돌봐줄 사람이 없음을 걱정하는 응답은 노동을 하는 경우가 더 많았다. 특히, 이주노동자의 경우, 일인 가구가 많고, 돌봄 지원에서 배제되어 있기 때문으로 해석할 수 있다. 이는 가족과 지인 등의 대인 관계와 사회적 지지의 부족이 의료기관 방문을 회피하게 하는 등 건강관리에 부정적 영향을 줌을 암시한다.

> 병원하면 고통이랑 아픔이 생각나요. 아파서 병원 가니까요(22, 결혼이주여성/다문화강사, 필리핀, 여, 28세).

> nervous, 두렵죠. 병원에 오면 아프다는 생각을 하죠. 그래서 걱정하죠. 또 누가 돌봐주는지 걱정하죠. 남편은 일을 해야 하잖아요. 지난밤에 남편은 일을 해서 늦게 오고, 저 혼자 있는 시간이 있어서 외롭고 슬펐어요(27, 이주노동자/가사도움, 필리핀, 여성, 39세).

> (병의원 가지 않는 이유는) 무서워서… 팔 화상 입었는데 그때는 가족도 없고 친구도 없어서 혼자 있었어요(13, 결혼이주여성/상담원, 베트남, 여성, 28세).

위의 언급들을 보면, 의료기관 방문 같은 건강관리가 개인의 선택이기보다는 경제적 요인과 함께 사회적 돌봄과 지지와 직결됨을 알 수 있다. 특정 문화권에서는 질병을 영적인 것이며, 조상이 내린 축복, 또는 숙명으로 간주하는데, 눈에 보이지 않는 증상인 한국의 화병, 베트남의 영혼 상실, 바이러스로 인한 눈병을 악마의 눈이나 저주로 인식하는 경우도 있다(김현경, 2008). 즉, 질병에 대한 전통적 인식과 지식, 잘못된 태도와 믿음, 문화적 장벽들이 이주민의 의료서비스 접근과 이용을 제한하고, 건강격차를 더 키울 수 있다(Zhao, 2010). 반면, 고정관념은 서구와 다른 건강에 관한 문화적 믿음과 가치를 열등한 것으로 간주하게 해 질병 진단과 치료과정에 부정적 영향을 줄 수 있다(Kreps & Sparks, 2008). 이 연구에 따르면, 이주민은 질병을 숙명이나 신의 처벌 등으로 받아들이는 비현실적 믿음을 가지고 있지 않았고, 대다수는 질병이 치유될 수 있다는 현실적 관점을 가지고 있었으며, 건강관리에 우선순위를 부여하고 있었다. 그럼에도 불구하고 사회적 지지와 돌봄의 결핍, 재정적 문제, 고된 노동과 위험한 작업환경, 바쁜 일상으로 인해 적극적인 건강관리를 실천하기 어려운 조건에 있었다.

종합하면, 인터뷰에 참여한 응답자 다수는 본인이나 주변에서 질병으로 고통을 겪는 등 어떤 동기가 없으면 질병 예방을 위한 상담, 검진, 운동 등 적극적인 건강관리의 중요성에 대한 인식은 부족한 편이었다. 이 결과는 향후 이주민 대상 헬스커뮤니케이션과 정책개발에 시사점을 제공한다. 즉, 이주민 대상으로 헬스커뮤니케이션을 수행할 때는 능동적인 예방 행동과 건강관리의 중요성과 그 구체적인 방법들을 강조해야 한다. 경제적 요인이나 시간 부족, 두려움 등 건강관리의 장애 요인에 대한 인식에 대응하면서 접근하기 쉽고 비용부담이 적은 이주민을 위한 의료서비스에 대해 알리는 노력이 수반되어야 한다.

제8장

이주민의 병의원 이용 및 의료커뮤니케이션 경험

제8장 이주민의 병의원 이용 및 의료커뮤니케이션 경험

환자를 진단하고, 치료하기 위해서는 의료인-환자 간 긍정적 관계가 필요하고, 정확한 정보를 제공하고 따뜻하게 대하는 등 커뮤니케이션의 역할이 중요하다. 환자에 대한 의료인들의 불친절하거나 비우호적 태도와 행동은 의료서비스에 대한 환자의 불만족을 낳고, 이는 의학적 보살핌으로 상쇄할 수 없는 부정적 결과를 낳을 수 있다(Gilson, 2003). 특히, 의료현장에서 이민자 등 인종적 소수자들의 차별을 겪은 경험은 자신의 건강을 더 안 좋게 인식하게 하며, 높은 수준의 스트레스와 만성병, 정신질환의 가능성도 높인다. 2000년 스페인에서의 조사에 따르면, 이민자 중 약 19%가 의료기관 이용 시 차별을 경험했는데(Agudelo-Suarez et al., 2011), 차별 경험은 스트레스, 우울증, 불안증, 수면장애 같은 건강 이상을 유발할 수 있다. 미국의 라티노나 흑인 등 인종적 소수자도 의료 상황에서 불공정한 치료 경험을 백인보다 더 많이 보고했고, 참여적인 의학적 결정을 하기가 어려웠으며, 건강관리에 낮은 신뢰를 보였다(Rooks, et al., 2012). 또한, 미국의 이민자들은 의사 등 건강관리 제공자에 대한 접근이 어렵다고 느끼는데, 이는 신뢰 형성을 막고, 신뢰 부족은 건강관리를 찾는 것을 지연시키며 더 나쁜 건강상태로 이어지게 한다(Sanchez-Birkead et al., 2011).

의료현장에서의 커뮤니케이션 불만족은 병의원을 찾는 것을 꺼리게 하고, 의료인들의 만족도도 감소시킬 수 있다. 특히, 병의원 이용 시 상호작용 경험이나 주류 건강관리 시스템에 대한 이주민의 인식은 의료인과의 상담·검진 등 예방적인 의료서비스 이용 빈도와 만족감에도 영향을 준다. 이주민의 병의원 이용 및 의료커뮤니케이션 경험을 그들의 경험과 목소리를 통해 알아보았다. 먼저, 한국에서 병의원을 방문한 적이 있는지와 병의원 방문 이유, 그리고 병의원 방문을 가로막는 장애요인들을 질문하고, 이야기를 나누었다.

연구결과, 한국에서 병의원을 방문한 경험이 있는 사람이 38명(90.5%)으로 다수였다. 한국에 온 지 4개월밖에 안 되어서 또는 특별히 건강에 이상이 없어서 방문 경험이 없는 경우가 4명이었다. 이는 앞서 제시한 것처럼 한국 체류가 5~10년이 25명(59.5%), 10년 이상이 7명(16.7%)으로 비교적 장기간 체류했기 때문에 그동안 병의원 방문을 해 본 경험이 있는 경우가 다수를 차지한다고 해석할 수 있다.

다음은 병의원을 찾게 만드는 증상이나 이유에 대해 알아보았다. 인터뷰에 참가한 이주민들은 다양한 증상들로 병의원을 방문했다. 이 중 감기 등의 호흡기 이상(13명, 17.8%)으로 가장 많이 방문했고, 피부과(9명, 12.3%), 근골격계·산부인과 관련 이상·정기검진(각 8명, 11.0%), 위장질환·자녀건강 문제(각 6명, 8.2%)로 병원을 찾는 것으로 나타났다.

〈표 8-1〉 한국 병의원 방문 유무

항목	빈도(명)	퍼센트(%)
방문경험 있다	38	90.5
방문경험 없다	4	9.5
합계	42	100.0

〈표 8-2〉 한국에서 병의원 방문 이유

항목	빈도(명)	퍼센트(%)
호흡기(감기 등)	13	17.8
피부과(종양 등)	9	12.3
근골격계	8	11.0
산부인과	8	11.0
정기검진	8	11.0
위장질환	6	8.2
소아과(자녀 관련)	6	8.2
안과	3	4.1
기타	3	4.1
치과	2	2.7
예방접종	2	2.7
암	2	2.7
신경계	1	1.4
이비인후과	1	1.4
외과	1	1.4
합계	73	100.0

선행연구와 비슷하게 남성 이주노동자는 근골격계 질환, 위장질환 등으로 병의원을 방문하는 경우가 많았고, 결혼이주여성은 임신, 여성 질환, 가슴 근무력증, 안과 질환 등 자신의 증상과 자녀들의 감기, 예방접종 때문에 병의원을 이용하는 경우가 많았다. 즉, 이주노동자냐, 결혼이주여성이냐에 따라, 또 남녀를 둘러싼 차이와 자녀 유무 등 가족 구성 형태에 따라 다른 이유로 병의원을 방문하고 있었다. 이주노동자의 경우 "척추, 뼈 쪽에 문제가 가장 많아요"(36, 이주노동자/일용직, 방글라데시, 남성, 50세) 등 노동·작업환경과 관련된 병의원 방문 이유들을 많이 언급하였다. 결혼이주여성들은 출산, 육아, 가사와 관련된 질환과 자녀 등 가족 건강과 관련된 언급을 많이 하였고

(예: 12, 결혼이주여성/상담원, 캄보디아, 여성, 28세; 30, 이주노동자/의류공장, 우간다, 여성, 32세), 가사나 육아로 인한 스트레스, 힘들게 생리를 하는 것, 가슴 질환 등을 언급하는 경우도 있었다(20, 결혼이주여성/통번역지원사, 베트남, 여, 25세; 27, 이주노동자/가사도움, 필리핀, 여성, 39세).

성별과 나이, 신분에 관계없이 이주민들은 의료기술 면에서 한국 병원의 수준을 높게 평가하고, 만족하는 편이었다. 100%까지는 아니더라도 70~80% 정도 신뢰한다는 응답도 있었다. 이는 대체적으로 한국보다 의료수준이 낮은 나라들로부터의 이주민들이 많은 데다 이들이 한국의 발전된 의학기술을 인정하고 있고, 이는 한국의 의료서비스에 대한 긍정적 평가로 연결됨을 보여준다.

> 네, 중국보다 한국이 더 발전했으니까 무슨 병이든지 다 치료할 수 있다고 생각해요(24, 이주노동자/가사도움, 중국, 여성, 54세).

> 여기는 항암치료, 방사선 치료도 있고, 이것저것 치료시설이 많아요. 그리고 된장찌개 이런 몸에 좋은 것도 있으니까 많이 살아남아요. 그런데 몽골에서는 암 병원이 하나밖에 없고, 방사선 치료도 하나밖에 없어요. 그래서 여기서 암 걸린 게 다행이라고 생각도 했어요. 여기는 (의사)선생님들이 자기 일을 확실하게 하려고 해요. 그 모습에 더 확신을 가졌어요(28, 이주노동자/청소, 몽골, 여성, 44세).

> 한국의 의학발전과 복무 태도는 100% 신임하고 있어요(25, 이주노동자/가사도움, 중국, 여성, 65세).

> 고향(캄보디아)은 아직 발전하지 않아서 50~60% 정도 믿어요. 한국 의사는 고향보다는 조금 더 믿어요. 80% 정도…(12, 결혼이주여성/상

담원, 캄보디아, 여성, 28세).

한국 병의원에서의 커뮤니케이션에서도 만족한다는 평가가 많았다. 특히, 국립중앙의료원을 통한 인터뷰 참가자 11명의 경우 의료원 차원에서 이주민 환자들을 위한 통역서비스가 제공되고, 〈다문화가정진료센터〉에서 상담, 검진, 치료를 체계적으로 진행하고 지원해주고 있는 데 대해 만족하는 경우가 많았다. 다른 이주민 관련 조직들도 무료 검진과 치료 등의 의료혜택을 제공하고 있었다.

> 서비스 만족하고, 친절해요. 말도 잘 통해요. 외국인근로자 통역자가 이 병원(국립중앙의료원)에 같이 와서 이야기해줘요(39, 이주노동자/자동차부품공장, 인도네시아 남성, 36세).

> 신뢰해요. 병원 태도 좋고, 외국인이라 특수한 대우를 받아요. 의사들은 친절해요. 감사합니다(26, 이주노동자/가사도움, 중국, 여성, 64세).

> 만족합니다. 친절해요. 의료진 권고를 잘 따릅니다(16, 결혼이주여성/통번역지원사, 베트남, 여성, 27세).

한국의 의료서비스와 의료현장 커뮤니케이션에 대해 전체적으로 만족도가 높은 가운데 문제점을 지적하는 목소리도 적지 않았다. 언어장애나 의사소통 문제를 지적하는 경우(38, 이주노동자/일용직, 몽골, 남성, 47세), 통역이 더 있으면 좋겠다는 의견(39, 이주노동자/자동차공장, 인도네시아, 남성, 36세), 의사들이 환자들에게 더 길게, 많이, 오래 대화하면 좋겠다는 의견(14, 결혼이주여성/다문화강사, 중국, 여성, 31세)도 관찰되었다. 몇몇 이주민들은 의사보다는 간호사가 외국인임을 알고 무시하는 태도를 보이거나, 간호사와 언어가 잘 통하지 않아 불편한 경험이 있었던 경험을 이야기하기도 했다.

> 커뮤니케이션 문제가 있어요. 친구가 통역을 해줘요. 항상 친구는 안 와요. 병원에 올 때는 혼자 와요(38, 이주노동자/일용직, 몽골, 남성, 47세).

> 의사와 간호사들과의 커뮤니케이션이 조금 어려워요. 영어와 한국어를 섞어서 쓰기도 해요. 대화가 조금 괜찮기도 하지만, 제가 대답을 늦게 하거나 잘못 말하기도 해요. 통역자는 따로 없어요. 의사는 영어를 할 수 있어요. 간호사는 단어나, go down, go office, take this medication 같은 말을 해요(27, 이주노동자/가사도움, 필리핀, 여성, 39세).

> 어렵게 이야기할 때가 있어요. 병명이 도대체 알 수가 없잖아요. 일반인들도, 한국인들도 알아들을 수가 없잖아요. 그러면 도대체 무엇이냐 묻거나, 아니면 집에 와서 인터넷 찾아봐요(10, 결혼이주여성/사무원, 중국, 여성, 38세).

> 병원은 다른 것보다 커뮤니케이션이 부족해요. 의사들이 좀 더 환자들한테 길게 많이 오래 얘길 해줬으면 좋겠어요. 다들 너무 짧아요(14, 결혼이주여성/다문화강사, 중국, 여성, 31세).

> 의료진과 언어문제로 의사소통에 어려움이 있어요. 단어가 어려워서. 병원 가면 선생님이 영어로라도 자세하게 이야기해줘야 하는데 잘 안 됐어요(2, 결혼이주여성/주부, 필리핀, 여성, 39세).

종합하면, 한국의 의료서비스 수준과 병의원에서 커뮤니케이션에 만족했다는 경험과 의사소통 문제와 의료진과의 커뮤니케이션 시간의 부족 등으로 인한 불편함이 혼재해 나타났다. 〈표 8-3〉에 보이듯이, 이주민들은 한국에서 병의원 방문을 어렵게 하는 요인으로 비용(31명, 47.0%) 문제를 가장 많이 언급하였다. 다음으로는 언어(12명, 18.2%), 시간 부족(11명, 16.7%), 두려움(7명, 10.6%) 등의 순이었다. 이는 이주민들이 대체적으로 경제적 약자 집단이 되는 경향, 그리고 언어적 소수자로서 증상 설명과 소통에서 어려움을 느끼는 현상을 보여준다고 해석된다. 위의 의견들 중 의료현장에서 어려운 용어의 사용, 너무 짧은 의료인과의 대화, 병의원 올 때 돌봄 부족에 대한 우려는 이주민뿐 아니라 한국의 의료현장에서 일반적으로 일어나는 문제일 수 있다는 점에서 적극적인 정책적 대응의 필요성이 있다.

해외에서 유방암 검진을 가로막는 장애요인에 대한 선행연구들을 보면, 미국의 흑인 여성은 두려움과 걱정을, 유럽계 미국인은 시간 부족, 불편함, 미루는 것이 주로 언급되었다고 한다(Marks, et al., 2004). 터키 여성의 경우 남성 의료인에게 검진받는 것을 주저하는 성향, 남성 가장의 영향력, 아이와 가족의 요구에 더 큰 우선순위를 두고 자신의 건강관리에 주목하지 않는 경향이 복합적으로 유방암 검진을 주

〈표 8-3〉 한국에서 병의원 방문 장애요인(다중응답)

항목	빈도(명)	퍼센트(%)
비용	31	47.0
언어 문제	12	18.2
시간 부족	11	16.7
두려움	7	10.6
기타	5	7.6
합계	66	100.0

저하는 요인으로 작동하였다(Secginli & Nahcivan, 2011). 한국의 이주민들의 경우 비용에 대한 부담과 함께, 열악하고 고된 노동환경과 육아, 가사 등의 일상으로 인해 병의원 방문에 우선순위를 부여하기 어려운 환경이 있는 것으로 해석된다.

인터뷰 결과, "돈이 없어서"(5, 결혼이주여성/주부, 베트남, 여성, 24세), "비용 때문에 병원에 가는 게 머뭇거리게 돼요. 다른 이유는 없어요"(25, 이주노동자/가사노동, 중국, 여성, 65세), "의사소통은 전에는 많이 힘들었는데 요즘은 괜찮은 거 같아요"(12, 결혼이주여성/상담원, 캄보디아, 여성, 28세), "난 돈부터 걱정해요. 우리 여기 와서 힘들게 벌거든요"(26, 이주노동자/가사도움, 중국, 여성, 64세)" 등의 응답들이 있었다. 즉, 이주민의 열악한 경제적 조건이 병의원 방문과 건강관리에서 큰 장애물임을 보여준다. 그 외에 시간 부족과 언어문제를 언급하는 경우도 많았다(41, 이주노동자/철강공장근로자, 네팔, 남성, 22세; 42, 이주노동자, 네팔, 남성, 23세; 40, 이주노동자/회사원, 네팔, 남성, 36세; 33, 이주노동자/모바일회사, 네팔, 여성, 23세).

이 결과를 통해 이주민은 질병을 극복 가능하며, 건강이 인생에서 중요하다고 인식하고 있지만, 실제 병의원 방문을 통한 건강관리에 있어서는 많은 장애들에 직면하고 있음을 알 수 있다. 국립중앙의료원에서 진행된 인터뷰 참여자 중 병원직원에게 지불해야 할 검진 금액을 듣고 할인이 가능한지 통역을 해달라고 부탁하는 경우도, 추가로 검진하거나 치료할 경우 금액이 늘어나 부담스럽다고 말하는 경우도 있었다. 아래는 경제적 이유와 고단한 일상으로 인해 병의원 방문이 어렵다는 이주노동자들의 이야기이다.

> 무서워서라기보다는 돈 때문에 못 가요(39, 이주노동자/자동차부품

공장, 인도네시아 남성, 36세).

> 우리는 보험이 없고 혜택도 없고 비싸고, 일하다가 왔다 갔다 할 수 없고 비용이 너무 비싸요. 그래서 어디 가서 건강보험이나 수월하게 병을 고치는 게 있으면 좋겠다고 생각해요(34, 이주노동자/파트타임, 방글라데시, 남성, 38세).

> 보험이 없기 때문에 돈이 많이 들어요(35, 이주노동자/공장노동자, 방글라데시, 남성, 45세).

> 돈 때문에 아파도 안 갔어요. 다리에 피부병이 있어서 피부과 갔는데, 돈이 너무 많이 나왔어요. 지금도 갑자기 간지러워요. 약도 먹고 있어요(a, 일용직/이주노동자, 이란, 남성, 38세).

아래와 같이, 건강보험이 없는 경우가 많은 이주노동자들에게는 비용문제와 함께, 언어문제, 시간 부족 등이 복합적으로 병의원 방문을 가로막는 요인으로 작동하고 있었다.

> 병원에 안 가는 이유가 여러 가지예요. 첫째는 한국에 일하러 왔기 때문에 남는 시간이 많지 않아요. 병원 가면 돈도 많이 들어요. 어떨 때는 병원이 어디에 있는지 몰라요. 가더라도 한국말을 몰라요. 영어도 잘 모르고 그럼 어떻게 대화를 해요. 언어장애가 있어요. 병원비, 시간 등 여러 가지 이유가 있어요(34, 이주노동자/파트타임, 방글라데시, 남성, 38세).

> 때때로 시간이 없어요. 공장에서 일이 계속 있기 때문에 남는 시간이

> 없고 그 다음에는 돈 때문이에요(35, 이주노동자/공장노동, 방글라데시, 남성, 45세).

위에 언급된 요인들이 병의원 방문은 물론, 운동이나 식생활개선 등을 통한 선제적인 건강관리를 어렵게 만드는 것으로 해석된다. 정부의 정책지원 대상인 결혼이주여성의 경우도 건강관리에서 장애요인들을 갖고 있었다. 아래 인터뷰 내용처럼 결혼이주여성들도 한국사회에서 경제적 어려움과 함께 가사와 육아에 직장생활을 병행하는 바쁜 일상으로 인해 병원에 갈 시간이나 여유가 없다는 응답이 많았다.

> 일단 병원이라고 생각하면 비용이잖아요. 돈이 많이 들잖아요. 병원 그러면 돈을 생각해야죠…. 운동은 바빠서 시간이 없으니 운동하지 못하는 것이 대부분이에요(18, 중국, 결혼이주여성/통번역지원사, 36, 여성).

> 집안일 때문에 바빠서 시간이 부족해서 건강을 못 돌봐요. 고향에서 원래 말타기를 자주 즐겼는데, 한국에서는 너무 비싸고 해서 불가능하잖아요. 애들 때문에 시간도 없고 해서요(19, 결혼이주여성/통번역지원사, 몽골, 여성, 38세).

> 바빠서 일주일에 한 번 정도밖에 못 걸어요. 시간이 없죠(20, 결혼이주여성/통번역지원사, 베트남, 여성, 25세).

아래도 공통적으로 언급되는 이주민의 건강관리를 막는 요인들로 고된 일상의 문제들을 잘 보여준다.

병원에 6개월마다 한 번씩 가고 싶어요. 그런데 (바빠서) 못가요(40, 이주노동자/회사원, 네팔, 남성, 36세).

운동은 진짜 조금 해요. 일을 하다보면 시간이 없어요. 옛날 회사는 너무 힘들어요. 아침부터 저녁까지 일해요. 집에 와서는 그냥 잤어요. 계속 반복되었어요(39, 이주노동자, 인도네시아/자동차부품공장, 남성, 36세).

건강이 중요하지만 시간이 없잖아요. 일해야 하고 아이 봐야하고…. 안 간다면 돈 때문도 그렇고, 의사소통은 전에는 많이 힘들었는데 요즘은 괜찮은 거 같아요. 의사선생님 말씀 듣는 데 문제가 없는 것 같아요(12, 결혼이주여성/상담원, 캄보디아, 28세).

위의 언급들처럼 이주노동자와 결혼이주여성들이 직면한 일상에서의 부담들을 고려해 이주민의 건강증진을 위한 헬스커뮤니케이션 전략이 수립되어야 하겠다. 인터뷰를 통해 건강의 중요성을 알면서도 식생활개선이나 운동 또는 병의원 방문 등 건강관리를 적극적으로 할 수 없는 이주민이 직면한 구조적 제약을 알 수 있었다. 아래는 결혼이주여성들의 언급이다.

좋은 음식을 먹는 것도 좋지만, 사실 운동하는 것이 더 중요해요. 뭐 사실 경제적인 돈 때문에 좋은 음식을 못 먹기도 하고, 운동은 바빠서 시간이 없으니 운동하지 못하는 것이 대부분이에요. 그래도 먹는 건 잘 먹어요(18, 결혼이주여성/통번역지원사, 중국, 여성, 36세).

좋은 음식이 중요하다고 운동이 중요하다고 생각은 하는데 시간도

> 없고, 마음의 여유가 없어서 운동도 움직일 여유가 없어서 못한다고 생각해요. 정신없거든요 바빠서. 집안일도 너무 많고요. 애들이 많으니깐 혼자서 힘들어요(15, 결혼이주여성/회사원, 일본, 여성, 46세).

운동하고, 식생활을 개선하며, 검진을 받으라는 메시지가 이주민들이 처한 현실에 맞지 않고, 일상의 문제들을 고려하지 못하는 민감성이 부족한 메시지가 될 수 있다. 아래 의견처럼, 의료현장에서 외국인이라서 차별이나 부당한 대우를 받는다는 느낌이 들었다는 응답도 있었다.

> 얼마 전에 내시경 검사를 할 때, 간호사들이 말이 좀 제가 억양이 이상하고, 외국 친구랑 같이 갔어요. 불친절하게 좀 모른다 식으로 대하더라고요. 그런 거는 기분이 나빴어요. 속상하고. 외국 사람들에 대해서 언어적 능력이 안 되고, 언어적으로 힘들어하면 잘 대해주어야 하지 않나 생각해요. 종합검진을 받을 때, 몇 층에 가서 뽑고 기다리고 찾아가는 과정이 외국인에게는 너무 복잡해요. 제가 외국 사람이라 그런지 통역해주는 사람이 없으면 못하겠다는 생각이 들었어요(11, 결혼이주여성/사무원, 몽골, 27세).

> 만족하지 않아요. 너무 많이 기다려요. 한국 사람은 빨리하는데, 외국 사람들은 1시간, 2시간 기다려야 해요(33, 이주노동자/모바일회사, 네팔, 여성, 23세).

> 거의 작은 병원 가고, 대학병원은 제가 알 수 없는 요금도 많이 청구되긴 해요. 아, 제가 손이 다쳐서 대학병원 응급실에 갔었어요. 그런데 요금이 생각보다 많이 나왔어요. 그게 좀 이해가 안 가더라고요... 순서가 잘못되었잖아요. 누가 생각해도 이상하잖아요(13, 결혼이주

여성/사무원, 중국, 여성, 38세).

위의 언급들은 의료인이나 병의원 관계자들이 이주민 환자의 언어적 문제나 한국의 병의원 환경에 익숙하지 않은 사정을 고려해 더 민감한 커뮤니케이션을 수행해야 함을 보여준다. 의료인이 문화적으로 민감한 커뮤니케이션 능력을 갖는 것은 환자들에게도 유익하지만 다른 문화권 환자를 대할 때 나타나는 의료인의 근심과 스트레스도 줄여주며, 질 높은 의료서비스를 이끌 수 있다(Ulrey & Amason, 2001). 또한, 의료인이 환자의 요구를 발견하고, 상호적으로 커뮤니케이션하는 능력을 교육받아야 하는데, 우리나라 의료진들은 이러한 다문화적 커뮤니케이션 능력에 대한 인식이 부족한 경향이 있다. 뒤에 소개하겠지만 인터뷰에 응한 의료인들은 환자와의 커뮤니케이션 등 의사소통 능력에 대해 따로 배운 적이 없고, 그러한 교육 프로그램도 부재하다고 답했다.

이 연구는 이주민들과의 인터뷰가 일차적 연구방법이었고, 이차적 연구방법으로 국립중앙의료원 〈다문화가정진료센터〉에 근무하는 의료진과 사회복지사 등과의 인터뷰와 자연스러운 대화를 가졌다. 이를 통해 의료인 등 병의원 관계자들이 이주민이나 외국인 환자를 어떻게 대하고, 이와 관련해 어떤 교육을 받고 자질을 갖추고 있는지를 알아보았다. 이에 따르면 〈다문화가정진료센터〉라는 부서를 통해 적극적으로 이주민에 대한 상담, 검진, 치료에 임하는 국립중앙의료원에서도 의료진을 대상으로 한 다문화 민감성이나 문화 간 의사소통 교육 프로그램을 따로 운영하지 않고 있었다. 이는 병의원 등 건강관리 시스템 차원에서, 또 정부 차원에서 이주민 환자의 특성에 맞게 의료시스템을 구축하고, 의료인의 다문화 민감성 향상을 위한 체계적인 교육 프로그램을 운영하지 않음을 보여준다. 이 당시까지는 이주민을 도와주려는 목적과 대학과의 연계 지원 프로그램을 바탕으로, 이주민을 위한 상담·통역 등의 서비스를 제공하고 있었다. 언급들을 종합해 헬스커뮤니케이션 차원에서 시사점과 대안을 찾아보면, 먼저 의료진 등 건강관리 제공자의 다문화 민감성 증진을 위한 커뮤니케이션 교육 프로그램의 체계적인 수립이 필요하다.

제9장

이주민의 건강정보 습득과 커뮤니케이션 채널

제9장 이주민의 건강정보 습득과 커뮤니케이션 채널

인종, 민족, 집단 간의 건강격차를 줄이기 위해서는 건강정보의 확산과 설득 및 공감을 중심으로 하는 커뮤니케이션 개입이 필수적으로 요구된다. 효과적인 건강정보 전달과 교육 및 커뮤니케이션 차원 개입을 통해 공중은 의학적 의사결정과정에 더 적극적으로 참여하고, 적절한 예방 행동 및 치료를 선택할 수 있게 된다(Rooks, et al., 2012). 일방적 지시와 복종이 아니라 신뢰를 바탕으로 하는 소통과 관계 형성을 위한 커뮤니케이션은 다양한 대인 및 미디어 채널을 매개로 수행된다. 그 결과 건강 메시지를 전파·공유하고, 공중이 건강에 관한 인식과 태도를 형성하며, 건강에 도움이 되는 행동을 하도록 할 수 있다(Ratzan, et al., 1996). 이주민의 의사소통 능력과 사회적 지지 부족을 고려하면, 다양한 채널을 활용한 커뮤니케이션을 통해 건강정보 및 사회적 지지를 적극적으로 제공하는 것이 그들의 건강에 긍정적 기여를 한다. 이 장에서는 이주민의 대인 및 미디어 채널 활용의 전반적인 상황을 살펴본 뒤, 건강정보를 습득하고, 소통하고, 공유하는 채널 이용 방식과 그 의미에 대해 탐색하였다. 이를 바탕으로 이주민의 건강증진을 위한 헬스커뮤니케이션 차원의 전략을 제안하고자 한다.

1) 이주민의 헬스커뮤니케이션과 대인 채널

서구에서 아시아 출신 이민자들은 가족, 친구 등 가까운 대인관계를 통해 더 자주 건강정보를 접하고, 건강에 대해 대화하며, 건강문제에 대처한다고 한다(Papadopoulos, et al., 2004; Yeh, et al., 2003). 특히, 소득이 낮고, 이민 1세대일수록 암 관련 정보추구에 있어서 대인 간 커뮤니케이션을 선호하며, 특히, 여성이 비공식적 대인 간 네트워크에 더 의존하는 경향이 있다는 연구결과도 있다(Cheong, 2007). 이는 대인 채널을 통한 헬스커뮤니케이션이 이주민 사이에 상대적으로 더 편안하게 전개될 수 있음을 제시한다. 이 연구에서도 건강문제의 복잡함과 민감함으로 인해 가까운 대인 간 관계에서 건강문제를 더 많이 커뮤니케이션하는 경향이 관찰되었다. 대인 및 미디어 채널로 나누어 이주민의 일반적인 커뮤니케이션 패턴을 알아본 뒤, 건강정보의 습득과 공유 과정인 헬스커뮤니케이션 방식에 대해 조사했다. 먼저, 일반적으로 이주민이 접하는 대인 및 미디어 채널에 대해 알아보았다.

〈표 9-1〉에 나타나듯이 이주민이 주로 접하는 대인 채널은 배우자를 포함한 가족(18명, 42.9%)과 자국 친구(23명, 31.5%)가 제일 높은 비중을 차지하고 있었고, 직장동료(11명, 15.1%), 타국 친구(10명, 13.7%)가 그 뒤를 따르고 있었다. 이주민의 친밀한 네트워크는 가족이었는데 이는 결혼이주여성의 경우에 가족을 이루기 위해 이주했다는 점에서 더 그럴 것으로 해석할 수 있다. 또한, 언어와 문화, 정서가 비슷하고 이주와 정착과정을 공감할 수 있는 자국 및 타국 친구나 직장동료를 제일 자주 접하는 대인 채널로 작동하고 있었다.

이주민들은 새로운 나라로 이주하면서 사회관계와 네트워크의 연

〈표 9-1〉 대인 채널

항목	빈도(명)	퍼센트(%)
자국 친구	23	31.5
직장동료	11	15.1
타국 친구	10	13.7
종교단체 동료	10	13.7
가족(전체 가족 지칭)	8	11.0
배우자	5	6.8
시부모	2	2.7
형제자매	2	2.7
자녀	1	1.4
학교 엄마들	1	1.4
합계	73	100.0

〈표 9-2〉 대인 채널(배우자와 가족을 하나로 묶었을 때)

항목	빈도(명)	퍼센트(%)
자국 친구	23	31.5
배우자	5	11.9
가족	13	31.0
직장동료	11	15.1
타국 친구	10	13.7
종교단체 동료	10	13.7
학교 엄마들	1	1.4
합계	73	100.0

결망이 약해진다고 볼 수 있다. 특히, 이주 후에 이주노동자의 경우 열악한 노동환경으로 직장 이외의 공간에서 대인 관계를 맺기가 어려우며, 미등록 체류 신분일 경우 더욱 대인 관계 형성과 다문화정책의 도움을 받는 데 있어서도 어려움에 직면할 수 있다. 결혼이주여성도 가사노동만 하는 주부일 경우 혼자 있는 시간이 많기 때문에 대인관

계 형성의 기회가 부족할 수 있다. 아래는 이와 관련한 언급들이다.

> 의사소통 잘 안 돼서 밖에 나가면 갈 데가 없어서 주로 집에 있어요(3, 결혼이주여성/주부, 스리랑카, 여성, 36세).

> 회사 다닐 때는 한국인 친구 많았어요. 회사 다닐 때는 노래방도 가고 잘 놀았는데, 청소일 시작하고 나서는 그런 친구들 없어요. 불법체류가 되니까 잘 안 받아주더라고요(28, 결혼이주여성/청소, 몽골, 여성, 44세).

> 남편은 일을 해야 하잖아요. 지난밤에 남편은 일을 해서 늦게 오고, 저 혼자 있는 시간이 있어서 외롭고 슬펐어요(27, 이주노동자/가사도움, 필리핀, 여성, 39세).

대인 간 커뮤니케이션과 사회적 지지 원천으로서 가족의 중요성이 크지만 이주노동자와 결혼이주여성 모두 가족과도 충분한 대화와 지지를 교환할 여건이 되지 못하고 있었다. 이주민은 가족 다음으로, 자국 친구나 같은 처지의 타국 친구를 자주 접하는 대인 채널로 두고 있었다. 이는 외국 생활을 하는 이주민들끼리의 '동변상련'과 각종 이주민 관련 모임에서 외국인 친구를 만나게 되는 기회가 많은 것이 이유인 것으로 해석된다. 특히, 가정 밖에서 일하지 않는 결혼이주여성의 경우 남편, 시댁 등 가족, 자국 및 타국 친구를, 이주노동자는 자국 친구와 직장동료를 대인 채널로 의지하는 비중이 높았다는 특징이 있었다. 이는 같은 이주민이라도 그들이 처한 사회적 맥락에 따라 대인 관계와 네트워크가 다르게 형성되며, 동시에 자국 출신 친구가 많다는 공통점도 있었다. 이 결과는 향후 이주민 지원정책과 건강관련 프로그램이 출신국이나 이주민 스스로가 주도하는 자조모임 중심으로 전개될 필요성과도 연결된다. 아래는 결혼이주여성의 대인 관계와 커뮤니케이션 채널에 대한 언급들이다.

> 1(한국인) : 3(외국인) 정도 있어요. 외국인이 더 많아요. 거의 베트남, 캄보디아, 몽골. 여기서 일하시는 분들이요. (직장) 밖에서는 중국 자국민들이 많아요. 자주 만나는 사람은 가족 말고도 시댁 식구들, 친구들 많이 보고요. 다른 나라, 한국 사람들이 있어요. 가장 신뢰하는 사람은 가족이죠. 전 가족이 영향력이 있다고 생각해요. 남편, 시댁의 시누이들.. 어머니랑 건강프로그램에 대해 이야기를 많이 나누어요(10, 결혼이주여성/사무원, 중국, 여성, 38세).

> 나는 외국인 친구가 더 많아요. 베트남 친구도 많고, 베트남 아닌 친구들도 많아요. 지금은 한국인 친구보다는 외국인 친구가 더 많아요, 베트남 친구들이 가장 많고 다른 나라 외국인 친구들도 주변에 많아요(16, 통번역 지원/결혼이주여성, 베트남, 여, 27세).

> 한국인 친구보다는 외국인 친구가 더 많아요. 일본 친구가 가장 많고, 다른 나라 친구들도 많아요. 베트남, 이란 친구도 많아요(21, 다문화강사/결혼이주여성, 44, 일본, 여성).

결혼이주여성과는 달리, 이주노동자는 혼자 또는 같은 이주노동자들과 거주하는 주거형태를 이루는 경우가 많았다. 즉, 이주노동자들은 직장동료나 같은 이주노동자들이 중심이 되는 친밀한 관계를 바탕으로 대화도 나누고, 종교 활동도 하고, 여가도 보내는 것으로 나타났다. 이주노동자들은 일하는 직장 부근에서 주거하는 형태가 많았고, 주변에서 다양한 관계들을 형성한다는 점에서 이주노동자 밀집 지역을 중심으로 건강 관련 정책과 프로그램을 구성하는 방안도 유의할 것이다. 아래는 직장과 노동현장 중심으로 대인 관계가 형성된다는 이주노동자들의 이야기들이다.

> 친구 2명이랑 같이 살아요. 이 친구들은 맨날 봐요. 우리는 이슬람이어서, 매주 가서 사람들 만나고 이야기 나눠요(39, 이주노동자/자동차부품공장, 인도네시아, 남성, 36세).

> 개인적 친구는 없고, 직장 친구들은 있어요. 다른 공장에 있는 네팔 친구들 있어요(41, 이주노동자/철강공장, 네팔, 남성, 22세).

> 방글라데시 친구들 80%, 한국사람 20% 정도 돼요(36, 이주노동자/꽃농장일용직, 방글라데시, 남성, 50세).

> 한국인 친구는 따로 별로 썩 친한 친구는 없어요. 일하러 갔다가 바꿀 때 고맙다고 연락 주는 친구밖에 없어요. 중국 친구가 제일 많아요(25, 이주노동자/가사노동, 중국, 여성, 65세).

> 외국인 친구가 많아요. 국적은 방글라데시 친구가 제일 많고, 스리랑카 친구들, 필리핀 친구들, 파키스탄 친구 있어요(34, 이주노동자/파트타임, 방글라데시, 남성, 38세).

다음은 이주민이 건강정보를 주로 접하는 대인 채널에 대해 알아보았다. 〈표 9-3〉에 나타나듯이 이주민들은 건강정보에 관하여 가족(21명, 41.2%), 자국 친구(16명, 31.4%), 종교단체 동료(8명, 15.7%)와

〈표 9-3〉 건강정보를 얻는 대인 채널

항목	빈도(명)	퍼센트(%)
가족	21	41.2
자국 친구	16	31.4
종교단체 동료	8	15.7
타국 친구	2	3.9
직장동료	2	3.9
종교단체장	2	3.9
합계	51	100.0

주로 이야기를 나누고 있었다. 이는 가족과 자국 친구가 건강정보에 대해 가장 빈번하게 대화를 나누는 채널임을 보여주며, 이는 일상적으로 가장 많이 의지하는 대인 관계와도 연결된다고 해석할 수 있다.

건강정보를 주로 얻는 대인 채널로 의료인을 언급한 경우는 거의 없었다.[1] 이는 비용부담, 시간과 여유 부족 등에 기인한 것으로 해석할 수 있다. 반면, 함께 생활하고, 언어가 통하는 가족이나 자국 친구, 종교단체 동료들과 건강 이야기를 주로 나누는 것으로 나타났다. 아래는 건강정보를 주로 얻는 대인 채널에 대한 결혼이주여성들의 이야기들인데, 남편과 시댁 식구를 언급하는 경우가 많았다.

> 건강정보에 대해 이야기 나누는 대상은 가족, 친구, 직장동료들이에요. 가장 신뢰할 수 있는 사람은 가족, 남편과 시부모예요(16, 결혼이주여성/통번역지원사, 베트남, 여, 27세).

> 저는 일단 시부모님과 이야기해요. 주변 사람들한테 병원 어디에 있

1) 신뢰하는 건강정보원으로도 자국 친구(9명), 가족(8명) 다음으로 의사(7명)를 언급했다.

는지 물어보고 시부모님과 같이 갔어요. 가던 병원만 가요(22, 결혼이주여성/다문화 강사, 필리핀, 28세).

네, 엄마랑 남편이랑 이야기해요(14, 결혼이주여성/다문화 강사, 중국, 여성, 31세).

집에 있으면 남편과 이야기하겠죠. 일 같이 하는 사람들하고 많이 이야기해요. 친구들이랑 비만이나 뇌질환, 암 같은 것도 가끔 이야기해요(18, 결혼이주여성/통번역지원사, 중국, 여, 36세).

남편과 건강에 대해 이야기를 많이 해요(11, 결혼이주여성/사무원, 몽골, 27세).

일반적인 대인 채널 이용에서도 결혼이주여성과 이주노동자 간 차이가 있듯이, 건강정보 커뮤니케이션 채널 이용에서도 차이가 관찰되었다. 즉, 결혼이주여성은 남편, 시댁 식구 등 가족이, 이주노동자는 직장에 같이 다니거나 같이 거주하는 자국 친구나 종교 활동을 같이 하는 이주노동자 동료가 건강정보를 가장 많이 나누는 대인 채널인 것으로 나타났다. 아래는 이주노동자들의 의견이다.

친구랑 (건강정보) 검색한 거 이야기해요. 내가 집에 가면 내가 친구한테 이야기해요. 뭐 먹어야 해, 이런 거 얘기해요. 그런 거 먹어보곤 해요(37, 이주노동자/일용직, 이란, 남성, 38세).

가끔 친구 만나서 이야기해요. 친구들 만나서 아픈 거 이야기해요. 그런 친구들 말 믿을 수 있어요. 인도네시아 사람도 있고, 다른 나라 사람도 있어요(39, 이주노동자/자동차부품공장, 인도네시아, 남성, 36세).

인터뷰에 의하면, 미디어 채널보다 남편 및 시댁 등 가족(결혼이주여성), 자국 친구나 종교단체 동료(이주노동자) 등 대인 채널을 통해 건강정보와 건강 관련 지지를 얻는 경우가 많았다. 이는 미국의 라티노나 흑인들도 건강정보를 얻을 때 가족이나 사회적 지지 네트워크에 의존한다(Rooks, et al., 2012)는 결과와 상통하며, 면 대 면 커뮤니케이션 활성화를 통한 사회적 지지 제공이 건강에 대한 불확실성을 줄이고, 질병에 대한 통제감을 높이며, 예방 메시지 확산에 유용하다는 점과 연결된다(Stephens, et al., 2004). 무엇보다 건강은 가치중립적이지 않고, 직업과 가정생활, 프라이버시와도 긴밀히 연결되는 분야이기 때문에 자신을 잘 이해하는 상대와 소통하려는 동기가 중요하다. 즉, 이주민은 가족이나 자국 친구 등 가까운 대인 네트워크를 통해 건강에 대한 정보를 얻고, 커뮤니케이션하는 경향을 보인다고 해석할 수 있다.

한국어에 능하고, 사무원인 20~30대 중국 출신 결혼이주여성들은 몽골, 베트남, 캄보디아, 러시아 등 다양한 국적의 친구들을 가지며, 비슷한 연령대끼리 우울증이나 정신건강, 육아에 관한 이야기를 많이 나누고 있었다(예: 9, 결혼이주여성/사무원, 중국, 30세; 10, 결혼이주여성/사무원, 중국, 여성, 38세). 이와 달리 50~60대 중국 출신 여성 이주노동자들은 친구들 대부분이 같은 중국출신이었는데, 주로 가사도우미를 하는 관계로 사회적 친분과 관계를 넓힐 기회가 적은 것이 원인인 것으로 해석된다. 한국어를 비교적 잘하는 결혼이주여성은 동네 친구들 중 한국인이 있지만(예: 2, 결혼이주여성/주부, 필리핀, 여성, 39세), 자국어만 할 줄 아는 결혼이주여성은 친구가 자국 출신 여성으로 한정되어 사회관계 범위가 더 좁았던 경우도(예: 1, 결혼이주여성/주부, 필리핀, 여성, 36세) 관찰되었다. 이는 한국어 실력이라는 문화적응 정도가 대인 관계의 형성과 그 범위에 영향을 줌을 암시한다.

인터뷰에 따르면, 직업이 없는 결혼이주여성들은 주로 남편이나 시댁 식구 및 같은 동네에 있는 친구들과 질병이나 증상에 대한 이야기를 나누고 있었다(예: 3, 결혼이주여성/주부, 스리랑카, 여성, 36세; 7, 결혼이주여성/주부, 필리핀, 여성, 49세). 결혼이주여성들은 가장 믿을 만한 건강에 대한 정보원을 남편이라고 이야기하는 경우가 가장 많았고, 이어 시댁 식구, 친구를 언급하고 있었고, 직장이 있는 경우에는 가족에 이어 직장동료들도 언급되었다. 몇몇 결혼이주여성들은 건강정보원으로 의사보다도 남편을 더 신뢰한다고 말했다. 결혼이주여성들은 남편과 시댁 식구 등 가족을 건강에 관한 대화 상대로서 가장 신뢰하고, 실제로 건강에 대해서도 가장 많이 이야기를 나누는 것으로 나타났는데 이는 이들이 한국사회에서 결혼, 출산, 육아 등의 가사와 관련된 역할을 담당하는 것과도 관련된다고 해석된다.

> 가장 믿을 만한 사람과 가장 신뢰하는 건강정보원은 남편이요(9, 결혼이주여성/사무원, 중국, 여성, 30세).

> 내 남편이요. 한국에서는 가장 영향력 있는 사람이에요. 남편하고, 나의 친부모, 내 동생, 시부모님과 건강에 대해 이야기 나눠요. 보통 가족들이랑 얘기해요(1, 결혼이주여성/주부, 필리핀, 여성, 36세).

같은 여성이지만, 이주노동자에 비해 결혼이주여성은 다문화가족지원센터 등의 활동에 더 많이 참가하고 있었다. 아래 언급처럼 한국에 온 지 5년 4개월 된 캄보디아 출신 결혼이주여성은 한국이주여성인권센터 활동에 참여하면서, 건강에 관한 정보도 활발히 나누고 있었다. 국립중앙의료원에서 치료를 받고 있던 필리핀 출신 결혼이주여성도 다문화건강가정지원센터를 통해 건강정보를 받고, 무료 검진과 치료 기회를 알게 되었다고 말했다. 이는 결혼이주여성이 각종 이주민 지원단체 활동을 더 적극적으로 할 수 있는 여건을 갖게 되고, 이를 통해 더 많은 건강정보와 사회적 지지를 받게 되며, 검진 등 건강관리를 적극적으로 할 수 있는 기회도 더 얻게 됨을 알 수 있다.

> 무료건강검진, 아이도 하고 부모(우리)도 하는 무료건강검진을 받을 수 있으면 좋겠어요. 이런 정보를 얻을 수 있으면 좋겠어요. 보통은 여기서 문자 보내주면 알아요(1, 결혼이주여성/주부, 필리핀, 여성, 36세).

> 남편하고 친구 가끔 만날 때 건강에 대해 이야기하면서 얘기해요. 한국친구 별로 없어서. 친척, 시댁도 당연히 이야기하고 남편 친구 아니면 우리 센터에 같이 일하는 동료하고 (건강에 대해) 이야기해요(K12, 결혼이주여성/상담원, 캄보디아, 여성, 28세).

> 우리는 비용 때문에 안 가요. 유방암 검사, 초음파 등 매우 비싸요. 이번에 처음 알았어요. 지원받을 수 있는 걸요. 다문화지원센터에서 브로슈어를 받아서 알았어요. 한국인 친구한테 부탁해서 의료기록, 수술 등을 수집하고 알게 돼서 여기 와서 작년 7월부터 치료를 시작했어요. 우리 다문화커뮤니티는 다문화건강가정지원센터에서 가끔 정보 얻어요. 거기서 전화나 문자로 알려주거든요. 치과 같은 경우에는 건강가정지원센터에서 무료로 진료 받기도 했어요(7, 결혼이주여성/

주부, 필리핀, 여성, 49세).

위의 언급처럼 이주민들에게 제공되는 무료 검진이나 진료에 대해 잘 모르는 경우도 있었다. 이주민의 건강을 위한 정책개발도 중요하지만 정책이 널리 알려지고, 이용될 수 있도록 소통하는 노력이 필요하다. 남녀 이주노동자는 혼자 살거나 직장동료들과 함께 사는 경우가 많아서 가족보다는 같은 이주노동자들과 더 많이 어울렸고, 쉬는 날인 일요일에는 종교모임 등을 활발히 하는 모습도 관찰되었다. 이는 한국어 실력 등 문화적응 정도와 함께 일상의 여건이 이주민의 대인 관계와 네트워크 형성, 건강 관련 커뮤니케이션에 영향을 줌을 암시한다. 아래는 이주노동자들이 건강에 대해 이야기 나누는 채널과 건강에 도움을 받는 기회에 대한 언급들이다.

> 건강에 대해 이야기 나누는 사람들은 주로 교회 사람들이에요. 한 주일하고 교회 사람들을 만나요. 한 주일간 경험을 말하고 듣고 그래요. 주로 중국 분들이 대부분이에요(26, 이주노동자/가사도움, 중국, 여성, 64세).

> 친구를 통해 국립중앙의료원을 알았어요. 개인병원 같은 경우는 너무 비싸요. 교회 친구들을 가장 믿어요(23, 이주노동자/가사노동, 필리핀, 여성, 51세).

> 우리 교회는 1년에 한 번씩 건강검진 해주고, 독감 주사를 맞고 있어요. 이것이 매우 좋아요. 그리고 2주일에 한 번씩 자원봉사를 해줘요. 어디가 아프다고 하면 거기에 맞는 약을 무료로 주고 있어요(25, 이주노동자/가사도움, 중국, 여성, 65세).

위의 인터뷰에서 알 수 있듯이, 중국 출신 이주노동자 25와 26은 교회에서 건강정보를 얻고, 무료 검진도 받고 있다고 말했다. 필리핀 출신 여성 이주노동자인 23은 국립중앙의료원 〈다문화가정진료센터〉를 친구와의 대화를 통해 알게 되었고, 이후 이용하고 있다고 말했다. 이를 감안하면, 국립중앙의료원 등 공공의료기관을 통해 진행하고 있는 이주민을 위한 검진과 치료 기회를 적극적으로 알리는 커뮤니케이션 노력이 강화되어야 함을 알 수 있다. 또한, 이주노동자의 공동체 역할을 하는 교회 등 종교단체를 통해 건강정보가 좀 더 많이 전파되고 공유되며, 검진과 접종 등 건강관리 행동과도 결합할 수 있는 보건전략이 수립되어야 함을 알 수 있다.

이주노동자들의 경우 한국사회에 만연한 음주와 흡연을 하는 경우가 많지 않았다. 이는 이주민이 가진 고유의 전통문화와 종교의 영향 또는 음주나 흡연을 할 정도로 여유가 있지 않은 상황 등이 복합적으로 작동하는 것으로 보인다. 이는 전통문화의 영향으로 이민자들이 흡연, 음주, 마약, 다이어트 등의 영역에서 상대적으로 건강에 더 좋은 방향으로 행동한다는 미국에서의 연구결과(Hunt, et al., 2004; Zhao, 2010)와도 상통하는 면이 있다. 이는 자본주의가 발달한 곳으로 이주하는 경우가 많다는 점에서 거주국에 만연한 건강에 유해한 행동을 따르게 되는 문화적응의 부족이 오히려 건강에 좋은 행동을 유지하게 됨을 보여준다고도 해석할 수 있다. 아래는 이주노동자들의 언급이다.

> 흡연, 음주를 하지 않아요(39, 이주노동자/자동차부품공장, 인도네시아, 남성, 36세).

흡연도 안 하고, 음주도 안 해요. 그래서 흡연, 음주 이런 부분에 별로 관심이 없어요(27, 이주노동자/가사도움, 필리핀, 여성, 39세).

이주노동자들은 담배와 술이 직장생활에서 일반화되어 있고, 권유까지 하는 한국의 직장 문화에 놀라워하는 경우도 있었다. 담배나 술을 권하는 한국의 직장 문화를 접하고 이로 인해 금연, 절주 등 건강행동에 관해 대화하는 것을 망설이는 것이 관찰되기도 했다. 아래 언급처럼 남성 이주노동자들에게 음주와 흡연 등 건강에 유해한 행동들이 집단문화나 전통적 남성성의 형태로 강요되는 경우도 있다고 한다.

담배 안 핀다고 하면, 사람들이 많이 웃어요. 피지 말라고 (직장동료에게) 이야기하면 다른 친구들이 웃어요. 특히, 한국친구들이 그래요. 그래서 아직 얘기 안 해요. 우리 회사 사장님 자꾸 "술 많이 먹어도 괜찮아, 담배 피어도 괜찮아" 이렇게 이야기해요…. 저는 '술 많이 먹지 마, 담배 피지 마요' 이렇게 이야기해요. 우리는 병원 못 간다, 아파도 시간이 없어서 못 가지 술이나 담배를 하면 안 된다고 말해요(40, 이주노동자/회사원, 네팔, 남성, 36세).

남성 이주노동자들의 경우, 다른 동료들에게 불편함을 주지 않기 위해 아프다는 이야기를 하지 않으려는 모습도 관찰되었다. 아래 언급에서 나타나듯이 자국 친구와 함께 사는 남성 이주노동자는 친구와 질병에 대해 이야기는 하지만 될 수 있는 한 억제하는 편이라고 말했다.

조그마한 아픈 거는 이야기 안 해요. 계속 아프다고 하면 같이 사는 사람이 힘들어지기 때문에 그러면 안 돼요(37, 이주노동자/일용직, 이란, 남성, 38세).

인터뷰에서 결혼이주여성들은 가족 뒷바라지와 가족의 건강을 우선시하면서 정작 본인의 건강에 대한 대화는 하지 않는 경향이, 남성 이주노동자들은 아픈 것을 말하는 것에 대해 주저하는 모습이 관찰되었다. 위의 언급은 이주민의 헬스커뮤니케이션에서 각 문화가 가지는 젠더적 역할이 영향을 줄 수 있고, 일종의 '병자 역할(sick role)'에 대한 동양적 관점이 표출된 경우로 해석할 수도 있다. '병자 역할'은 증상에 반응하고 증상을 설명하는 방식이 사회적으로 규정되고 환경과 문화에 따라 다르게 나타나는 것을 지칭한다(Giddens, 1998/2011, 230쪽; Loustaunau & Sobo, 1994/2004; Radley, 1994/2004). 특히, 젠더, 아시아 출신, 이주노동자나 결혼이주여성, 20, 30대라는 조건과 이들이 직면한 사회문화적 환경이 질병이나 건강에 대한 인식과 대처, 나아가 커뮤니케이션 방식에 영향을 준다고 해석할 수 있다.

한국에 온 지 5년이 넘은 필리핀 출신 결혼이주여성(22번)은 2011년 8월 귀화했고, 시부모와 남편, 4살 된 아들과 함께 생활하고 있었다. 그녀는 남편, 시부모 등 가족은 물론, 직장동료, 친구와의 대인 관계가 넓고, 교회를 다니고 있었고, 한국 사람들과의 관계도 좋은 편이었다. 또한, 집에서 한국어로 대화하고, 한국인과 있을 때 편안함을 느끼는 등 문화적응이 잘된 경우로 볼 수 있었다. 그럼에도 불구하고, 그녀는 육아와 함께 일도 하기 때문에 본인의 건강을 돌보거나 대화할 시간이 부족했고, 주로 자녀건강에 대해 가족과 대화를 한다고 말했다.

> 우리 아들 건강 이야기를 많이 해요. 아들 건강이랑 예방접종 관련해서 시부모님이 챙겨주시고 나는 일 하기 때문에 바쁘니까 시부모님과 병원 갔다 왔는지 의사 선생님이 뭐라 했는지 병원 갔었던 이야기

를 물어보죠(22, 결혼이주여성/다문화 강사, 필리핀, 여, 28세).

결혼이주여성의 경우 얻고 싶은 건강정보가 주로 아이나 남편 등 가족의 건강문제와 관련된 것들이 많았다. "시어머님 질병이나 아이들의 예방접종 등에 관해 알고 싶다"(11, 결혼이주여성/사무원, 몽골, 27세), "딸 편식에 대해 알고 싶다"(10, 결혼이주여성/사무원, 중국, 여성, 38세) 등의 응답에서 보듯이 정작 본인의 건강에 관한 정보를 찾거나 대화하는 경우는 많지 않았다. 아래 인터뷰 내용은 아이나 가족의 건강에 더 큰 우선순위를 부여하고 있다는 결혼이주여성들의 의견이다.

> 조카들이 틱 장애가 있어서 혹시 저희 딸한테도 있지 않을까 싶어서 건강 관련 프로그램을 봤어요(10, 결혼이주여성/사무원, 중국, 38세).

> 보통은 아기들 따라서 많이 가요. 치과, 이비인후과, 소아과 많이 가요(11, 결혼이주여성/사무원, 몽골, 27세).

결혼이주여성은 자녀와 가족 건강에 관한 정보에 관심을 보였는데, 가사와 육아를 맡은 여성의 위치가 영향을 줌을 알 수 있다. 이는 한국사회가 결혼이주여성을 받아들이는 이유가 가부장주의 속에서 출산, 양육, 가사노동에 있음과도 관련된다. 한국여성들은 가정일이나 자녀 교육에 비해 본인의 질병 예방과 건강관리에 우선순위를 부여하지 않고, 아프지 않으면 병원에 가지 않는 특성을 갖는데, 이러한 현상은 재미 한인여성들의 낮은 유방암 검진율을 통해서도 관찰되었다(Lee et al., 2009; Ryu, et al., 2008). 즉, 여성은 가정과 직장의 위계 구조 속에서 '다중적 역할(multiple roles)'을 하면서(Nettleton, 1995/1997),

스스로의 건강을 보호하는 행동에 대해서는 낮은 우선순위를 부여하는 경향이 있는데, 한국의 결혼이주여성의 경우 이러한 현상이 강하게 나타나고 있었다.

이주민은 주로 자신이 앓고 있거나, 자신의 환경과 관련해 걱정하는 질병에 대한 정보 욕구를 가지고 있었다. 남성 이주노동자들 중 일부는 혈압, 심장, 척추, 당뇨 등의 질환에 대한 정보를 얻고 싶어 했다(예: 34, 이주노동자/파트타임, 방글라데시, 남성, 38세; 35, 이주노동자/공장노동자, 방글라데시, 남성, 45세; 36, 이주노동자/일용직, 방글라데시, 남성, 50세; 40, 이주노동자/회사원, 네팔, 남성, 36세). 즉, 이주노동자는 그들의 열악하고, 유해한 노동환경으로 인한 신체적 건강문제에 대한 관심이 많았다. 아래와 같이, 관절염이나 통증 등에 도움이 되는 운동이나 방법에 대한 이야기를 주위 사람들과 나눈다는 응답도 있었다.

> 아픈 곳, 관절에 대해서 제일 많이 이야기해요. 손, 허리, 무릎 등에 대해 이야기 많이 나눠요. 일하는 것도 그렇고, 와서 힘들게 일하니까 관절이 아플 수 있죠(26, 이주노동자/가사도움, 중국, 여성, 64세).

> 척추, 뼈 쪽에 문제가 가장 많고 정보를 얻고 싶어요(36, 이주노동자/일용직, 방글라데시, 남성, 50세).

결혼이주여성과 여성 이주노동자들은 암, 불면증, 스트레스, 위장 질환, 자녀와 관련된 질병이나 예방접종 등에 대해 관심이 많았다. 특히, 결혼이주여성의 경우 육체적 질환 외에도 여성 질환이나 정신적 스트레스 등에 대처하는 방법에 대해 알고 싶어 했다. 아래는 결혼이주여성들의 이야기이다.

> 주로 음식 먹는 거 하고, 건강에 대해서 여성 관련된 것 자궁, 유방암에 대해 이야기해요(13, 결혼이주여성/상담원, 베트남, 여성, 28세).

> 한때 스트레스 때문에 많이 힘들었거든요. 결혼 초기이고, 시댁과 관계에서 이해하는 부분이 적어서요. 남편 말고 없는데, 시댁관계에서 중간이니 많이 힘들잖아요. 전문적으로 상담받을 수 있는 전문센터가 있었으면 좋겠더라고요. 어디서 받을 수 있고, 어디 있는지에 대한 정보를 알았으면 좋겠더라고요(9, 결혼이주여성/사무원, 중국, 여성, 30세).

> 스트레스를 많이 받아요. 우울하고 잠을 자지 못해 힘이 없고 쉽게 화를 내고 호르몬 밸런스가 깨졌어요. 폐경기 증상이 있어요. 항상 의사에게 물어보고 약 복용을 하고 있어요. 불면증에 대해 알고 싶어요. 화를 조절하기 힘들고, 갑자기 열이 나기도 하고, 목소리가 커지기도 하고요(7, 결혼이주여성/주부, 필리핀, 여성, 49세).

결혼이주여성들의 언급들을 보면, 이주와 정착과정에서 익숙하지 않은 환경으로 인한 스트레스와 우울증, 이와 관련해 화를 참지 못하거나 폐경기 증상과 불면증 등이 나타날 수 있음을 알 수 있다. 또한, 병의원 치료 이전에 스트레스와 우울증, 불면증 등에 대해 전문적인 상담을 받고 싶어 하고, 상담을 어디서 받을 수 있을지에 관한 정보를 얻고 싶다는 말은 시사점이 크다. 이는 건강증진이 의학적 차원을 넘어 지역과 공동체 차원에서 건강문제에 대한 상담과 지지를 제공하는 사회적 돌봄 지원과 연결되며, 이를 위해서는 적극적인 정보제공과 공유 등 커뮤니케이션 프로그램과 정책이 동반되어야 함과도 관련된다.

종합하면, 한국사회에서 부여받은 임무나 역할, 젠더에 따라 이주민이 겪고 있는 건강문제와 건강정보 욕구가 달랐다. 즉, 결혼이주여성의 경우 남편이 출근한 후 혼자 보내는 시간이 많아 고립과 외로움, 혼자 가사노동을 감당하면서 발생하는 스트레스, 불면증, 우울증, 여성 질환 등에 대한 정보에 많은 관심을 보였다. 이주노동자들은 과도한 노동과 유해한 노동 환경에 관련된 통증 등 신체적 증상에 대한 정보에 더 주목하는 경향을 보였다. 문화적응 척도의 하나인 한국어 수준에 따라 정보를 얻고 싶어 하는 채널도 다르게 나타났다. 인터뷰 결과 본인의 한국어 수준이 높다고 스스로 평가한 중국출신 여성 이주노동자(25번)의 경우 책자나 안내서를 통해 정보를 접할 수 있기를 원했다. 이 경우는 중국동포라서 한국어에 익숙한 관계로 좀 더 상세하게 인쇄 매체를 통해 건강정보를 얻고자 하는 욕구를 가진 것으로 해석할 수 있다.

> 외국에서 온 분들이 처음에 한국 생활에 익숙하려면 모르는 게 너무 많아요. 그런 게 나왔으면 좋겠어요. 특히, 외국인이 봤을 때 책이 하나 나와서 요리법, 건강검진도 어디 어디 센터가 있다 같은 소식지나 책자가 있으면 좋겠어요(25, 이주노동자/가사노동, 중국, 여성, 65세).

한국어가 부족한 이주민은 건강 관련 책자 등에 한국어 외에 다른 언어도 함께 실어주기를 원했는데, 이중언어나 다국어로 된 건강 메시지 구성 및 채널 전략이 필요함과 연결된다. 또한, 인터뷰 참여자 중 대중매체보다는 면 대 면으로 건강에 대해 이야기를 나누기를 원하는 경우도 있었다. 한국에 온 지 18년이 된 방글라데시 출신 남성 이주노동자 34는 대중매체가 보여주는 것은 신뢰하기 어렵고, 따라

하기 어렵다고 말하며, 신뢰성 있는 전문가를 직접 만나기를 원했다. 한국에 온 지 4년 된 우간다 출신 이주노동자 30도 텔레비전의 건강정보를 신뢰하기 힘드니 세미나 등을 많이 했으면 좋겠다고 아래와 같이 제안했다. 이는 지역사회 차원에서 작은 모임이나 강연 등을 활성화해 전문가들이 건강정보를 전해 주고 질의응답도 하면서 궁금한 점도 물어보면 좋겠다는 의견으로 해석된다.

> 건강 세미나를 했으면 좋겠어요. 친구들이나 텔레비전에서 해주는 이야기는 신뢰하기 힘들거든요. 믿을 수 있는 세미나를 했으면 좋겠어요(30, 이주노동자/의류공장, 우간다, 여성, 32세).

결혼과 동시에 한국으로 와서 가사와 육아에만 전념하는 결혼이주여성은 초기에는 가족 외에 사회관계가 미비하다가 자녀를 키우면서 자국 출신의 동네 친구가 지지적 대인 네트워크 역할을 하는 경향이 있었다(예: 1, 주부/결혼이주여성, 필리핀, 여성, 36세). 한국거주 12년 차 주부인 필리핀 출신 결혼이주여성인 7 역시 가사에 전념하면서 자녀가 초등학생이라 다문화가족지원센터 방문도 활발히 하며 각종 정보를 얻고 있었다. 결혼이주여성에게는 한국거주기간이 길수록 가족관계를 기반으로 사회적 지지의 범위가 확장되며, 자녀 양육이나 생활정보와 함께 건강정보도 더 찾게 되는 경향을 보였다. 이는 결혼이주여성이 자녀를 학교에 보내면서 다른 학부모들과도 소통하면서 사회관계가 확장되고, 각종 다문화 관련 센터 활동도 더 활발히 한다는 데 기인한다고 해석된다.

선행연구(Finney Rutten, et al., 2006)와 유사하게 이주민의 '건강리터러시'의 부족과 의사소통 어려움이 건강 격차의 원인이 될 수 있고,

이는 건강을 위한 커뮤니케이션 개입의 중요성과도 연결된다. 아래는 건강에 대한 정보 부족과 의사소통의 어려움이 이주민의 건강관리에 있어서 장애물이 될 수 있다는 언급들이다.

> 외국 사람들 한국에서 병원 주소도 모르고 어디에 있는지 몰라요. 말은 어떻게 해요? 사장님들이 신경 쓰지 않아요. (의사소통이 안 돼) 혼자 갈 수 없어요(40, 이주노동자/회사원, 네팔, 남성, 36세).

> 이주민들이 한국에 오면 특히 노동자들이 일하잖아요. 공장에서 돈 버는데 일을 하면서 몸이 많이 망가지잖아요. 그 사람들이 이용할 수 있는 병원, 보건소 치료 제공해주면 좋겠고 이주여성들은 힘들긴 한데 의사소통 때문에 어렵기도 하고 병원에 갈 때 어떤 사람들은 의사소통이 안 되니까 통역 이런 거 있으면 좋겠어요(12, 결혼이주여성/상담원, 캄보디아, 여성, 28세).

> 커뮤니케이션이 대부분 문제예요. 몇 의사는 영어를 못해서 좋은 병원, 큰 병원을 찾아야 해요. 영어를 할 줄 아는 한국인 친구를 찾거나 그렇게 해요(7, 결혼이주여성/주부, 필리핀, 여성, 49세).

위의 의견들처럼 의료기관의 위치와 이용방법과 함께 이주민들에게 제공되는 무료 검진과 치료 등 의료혜택에 대한 소통이 더욱 필요하다는 점과 함께 의료현장에서 의사소통 문제를 호소하기도 했다. 한국어가 익숙하지 않은 국가 출신(필리핀, 방글라데시, 캄보디아 등)의 이주민들은 언어의 어려움을 더 크게 호소하였다. 대다수 의사가 영어를 하는 편이라 어느 정도 의사소통은 되지만, 어려운 의학 용어나 증상, 원인, 처방 등에 대한 설명을 이해하기는 어렵다고 말하기도 했다.

한국 거주 기간과 한국어 능력이 비례하지 않을수록 병원에서의 언어문제가 더 심각하다고 느꼈다(예: 27, 이주노동자/가사도움, 필리핀, 여성, 39세; 35, 이주노동자/공장노동자, 방글라데시, 남성, 45세; 36, 이주노동자/일용직, 방글라데시, 남성, 50세). 특히, 이주노동자들의 경우 작업장에서 장시간 강도 높은 노동을 반복하고 귀가 후에는 같은 이주노동자들끼리 어울리는 경우가 많아서 한국어 교육 수강 등의 기회가 부족하고 이는 한국어 능력과 직결될 수 있다. 그 결과 한국에 오래 체류했음에도 한국어 실력이 부족한 경우 언어문제로 인한 스트레스와 병의원 방문에 대한 불안을 더 크게 느낀다고 해석할 수 있다. 한국어로 의사소통이 힘든 결혼이주여성은 남편이나 가족의 도움을 받아 진료를 받고 있었고, 이주노동자들은 한국어를 잘하는 친구의 도움을 받거나 홀로 진료를 받으며 이해를 못한 부분을 되물으며 이해하려는 경우도 관찰되었다. 또한, 이들은 공통적으로 의료현장에서 통역을 더 많이 제공해 주기를 바라고 있었다. 이는 한국어 능력 같은 문화적응이 의료서비스 이용 및 만족도에 영향을 줌을 뜻하며, 고단한 일상으로 한국어 교육을 받기 어려운 경우에 대비해 한국어 교육에 대한 접근성을 높이고, 이를 통해 일상에서 필요한 건강정보도 소통할 수 있는 방안이 필요하겠다.

이주민은 이주민 지원 기관에서 무료 검진 등의 문자를 보내면 그때 방문해 건강정보를 얻기도 한다고 말했다(예: 7, 결혼이주여성/주부, 필리핀, 여성, 49세; 23, 이주노동자/가사도움, 필리핀, 여성, 51세). 이는 이주민이 이주민 관련 센터나 이주민 공동체 등의 조직들을 이용하면서 네트워크화될 경우, 건강정보에 더 용이하게 접근할 수 있음을 보여준다. 또한, 이주민 대상 헬스캠페인에서 이주민 관련 조직과 공동체를 활용해 메시지를 전파하고, 공유하도록 유도하는 노력이 유익함을 알 수 있다. 먼저 이주민들이 다문화가족지원센터는 물론, 다양한 이주민 관련 기관이나 이주민 자조 모임들에 참여해 네트워크를 구축하도록 알리고, 설득하는 노력이 요구된다.

종합하면, 출신국의 문화와 한국어 수준 등 문화적응 정도, 체류 기간, 교육 및 소득 수준, 이주노동자와 결혼이주여성 간의 일상의 차이, 젠더 등의 요인들이 미디어 이용은 물론, 건강정보 접근과 활용에서 차이를 낳는다고 해석할 수 있다. 같은 결혼이주여성이지만 직업이 있는 경우와 전업주부인 경우, 가정이나 거주 환경, 한국어 능력과 대인 관계 등을 고려해 그들이 처한 맥락과 그들이 가진 정보 욕구에 맞게 건강 메시지 및 채널 전략을 수립할 것을 제안할 수 있겠다.

2) 헬스커뮤니케이션과 미디어 채널

사람들은 미디어를 객관적인 정보원으로 간주하고, 건강 관련 결정을 할 때도 미디어를 통한 정보를 참조하는 경향이 있다. 즉, 미디어는 질병의 심각성에 대한 인식, 질병에 걸릴 잠재적 위험에 관한 정보, 예방과 치료에 대한 태도 형성 등에 영향을 미친다(Schiavo, 2007). 이 장에서는 이주민이 일반적으로 자주 이용하는 미디어 채널에 이어 건강정보를 주로 얻는 미디어 채널은 무엇인지를 알아보았다. 〈표 9-4〉를 보면, 이주민에게 TV가 가장 많이 이용되는 미디어 채널임을 알 수 있다(34명, 50.7%). 이는 TV가 편리하게 접할 수 있고, TV의 오락·교양 프로그램들이 흥미를 유발해 이주민의 시청을 유도하며, 시청각 매체이기 때문에 이해도 쉽다는 점이 복합적으로 작용했다고

〈표 9-4〉 자주 접하는 미디어 채널

항목	빈도(명)	퍼센트(%)
TV	34	50.7
인터넷	28	41.8
신문	4	6.0
라디오	1	1.5
합계	67	100.0

해석된다.

아래 인터뷰 결과와 같이, 이주민들은 TV를 거의 매일 시청하거나, 시간 날 때마다 보고 있었다. 이는 습관적이면서 여가가 날 때마다 TV를 시청하는 경향을 보여준다.

> 하루에 많이 봅니다. 아무리 못 봐도 하루에 1시간 정도 봐요. 뉴스도 보고요, 드라마도 봐요, 나는 음식 프로그램, 네, 그런 거 음식점 가는 것도 봐요. 음식 하는 거 다 좋아해서 그런 거 많이 봐요. 드라마도 많이 봐요. 다 한국 방송이에요. 베트남 방송은 없어요. 음식 프로그램이나 맛있는 음식점 찾아가는 프로그램이나 요리 만드는 거 가장 좋아해요(16, 결혼이주여성/통번역지원사, 베트남, 여, 27세).

> TV 주로 봐요. 매일매일 봐요. 너무 좋아해요. 뉴스, 드라마도 계속 봐요(2, 결혼이주여성/주부, 필리핀, 39세, 여성).

> 텔레비전이요. 요리 어떻게 하는지 요리 어떻게 만들어졌는지 그런 프로그램이요. 건강 프로그램이죠. Food 프로그램이요. 노년기 고혈압에 대해서도 텔레비전에서 봤어요(21, 결혼이주여성/다문화 강사, 일본, 여성, 44세).

인터넷, 텔레비전. 텔레비전 많이 좋아해요. 드라마 매우 좋아해요. 역사적 드라마 아주 좋아해요. 매일 봐요. 많이 봐요(35, 이주노동자/공장노동자, 방글라데시, 남성, 45세).

텔레비전 제일 많이 봐요. 인터넷 못해요. 한국 노래 엄청 좋아해요. 노래자랑 좋아해요(36, 이주노동자/일용직, 방글라데시, 남성, 50세).

집에 TV 있어요. TV 저녁에, 밤에 봐요. 가끔 한국 드라마 봐요. 토요일 밤에 하는 드라마 즐겨 봤어요. kbs에서 하는 거요. 인터넷 했었는데, 잘랐어요(39, 이주노동자/자동차부품공장, 인도네시아, 남성, 36세).

결혼이주여성이나 이주노동자들 모두 직장을 가진 경우는 퇴근 후, 전업주부의 경우 시간 날 때마다 TV를 보고 있었고, 드라마, 음악프로그램, 뉴스, 건강프로그램 등 다양한 장르들을 시청하고 있었다. TV에 이어 인터넷을 가장 많이 이용한다고 언급했고(28명, 41.8%), 신문(4명, 6.0%), 라디오(1명, 1.5%)의 이용량은 미미했다. 중국, 몽골, 베트남, 필리핀 등 다양한 국가 출신들이 인터넷을 자주 이용하고 있었는데, 한국이 인터넷 연결이 잘 되어 있기 때문에 접근성이 높은 것으로 보인다.

인터넷으로 많이 찾고요, 보통은 저녁에 집에서만 이용합니다. 야후에서 많이 검색해요. 야후 베트남으로 서치해요. 저녁에 집에서 2시간 정도 이용해요. 뭐 친구들하고 채팅도 하구요. 페이스북도 하니까요(20, 결혼이주여성/다문화 강사, 베트남, 여, 25세).

인터넷을 하루에 2시간이나 3시간 이상 해요. 나는 인터넷을 통해 건강정보 자주 획득해요. 모르는 거 있으면 네이버에 검색도 하고, 커뮤니티도 많이 하고 그렇게 정보를 많이 받아요. 암에 관한 정보습득은 관심 있게 찾아봅니다(19, 결혼이주여성/통번역지원사, 몽골, 여, 38세).

인터넷은 자주 들어가요. 일하면서 수시로 보고 틈나는 대로 이것저것 휴대폰을 만져요. 거의 매일 인터넷을 사용하죠. 인터넷을 통해 건강정보 획득 수준도 많은 편이에요. 요새 건강 기사가 많잖아요. 저는 따로 커뮤니티 활동은 안 해요(17, 결혼이주여성/다문화 강사, 중국, 여성, 37세).

TV를 통해 주로 한국 방송 프로그램들을 본다면 인터넷을 통해서는 고국의 포털 등에도 접근해 다양한 정보를 얻기도 하고 페이스북이나 채팅을 통해 초국적으로 소통하기도 하며, 오락을 즐기는 것으로 관찰되었다. 이주민의 하루 TV 시청량을 보면, 하루 시청량이 1시간이라고 답한 경우가 12명(28.6%)으로 제일 많았고 4시간 이상도 10명(23.9%)으로 그 다음이었다. 특히, 이주노동자인지 결혼이주여성인지 여부와, 결혼이주여성 중에서도 직업이 있는지 여부, 가정과 주거 환경 등이 TV 시청량에 영향을 주고 있었다. 즉, 이주노동

〈표 9-5〉 일일 평균 TV 시청량

항목	빈도(명)	퍼센트(%)
0시간	2	4.8
1시간	12	28.6
2시간	8	19.0
3시간	6	14.3
4시간 이상	10	23.9
무응답	4	9.5
합계	42	100.0

자는 퇴근 후 또는 쉬는 날에 TV를 시청하는 경우가 많았고, 결혼이주여성의 경우 직업이 있거나 가사노동이 과중한 경우 TV 시청량이 적고 인터넷 이용량이 많아지는 특징이 관찰되었다. 전업주부들은 가사 일 중 여가 시간에 TV를 시청하는 경우도 있었다.

대체적으로 열악한 직장에서의 노동환경과 육아 등 고된 가사노동, 언어문제로 인해 이주민의 미디어 활용이 적은 편이라고 해석된다. 즉, 가장 많이 이용하는 TV의 경우에도 비교적 적은 일일 시청량이라 할 수 있는 1시간을 본다는 응답이 가장 많았다. 인터뷰에서 이주민들은 다음과 같이 미디어 이용에 시간을 내기가 어려운 이유들에 대해 언급했다.

> TV 보는 거 좋아하는데 시간이 없어요. 가만히 앉아서 볼 수는 없고, 나는 집에 가서 보통 저녁식사 준비할 때나 짬 나는 시간에나 텔레비전 볼 수 있어요(15, 결혼이주여성/회사원, 일본, 여성, 46세).

> TV 보는 시간 솔직히 많지 않아요. 집에서 집안일 하면서 컴퓨터 켜 놓고 있어요(12, 결혼이주여성/상담원, 캄보디아, 여성, 28세).

> 자주는 못 봐요. 9시에 일을 시작하고 끝나면 볼 시간이 없어요(27, 이주노동자/가사도움, 필리핀, 여성, 39세).

미디어 채널을 통한 건강정보 노출에 관해 알아보았다. 일반적인 미디어 이용 경향과 유사하게 TV(27명, 48.2%)와 인터넷(21명, 37.5%)이 건강정보 노출이 많은 채널들이었다. 역시, 전반적으로 이용량이 적었던 신문(3명, 5.4%), 라디오(1명, 1.8%)를 통한 건강정보 노출은 미

〈표 9-6〉 건강정보 노출 미디어(다중응답)

항목	빈도(명)	퍼센트(%)
TV	27	48.2
인터넷	21	37.5
신문	3	5.4
라디오	1	1.8
기타	1	1.8
없음	3	5.4
합계	56	100.0

미한 것으로 나타났다. 신문의 경우 이해가 어려워서, 라디오의 경우 주로 운전하면서 듣는 경우가 많은데 이주민들은 그런 업종에 종사하지 않는 경우가 많아 이용이 낮을 것으로 예측된다.

이주민들은 미디어 채널을 통해 식습관, 건강식품, 음주운전 등의 생활습관(18명, 26.9%) 등을 가장 많이 접하고 있었다. 이 결과는 〈위기탈출넘버원〉, 〈비타민〉, 〈무엇이든 물어보세요〉 등 건강을 다루는 TV 프로그램의 건강 관련 코너를 가장 많이 시청한다는 언급과도 관련이 있는 것으로 보인다. 암에 대한 정보(12명, 17.9%)도 많이 보고 있었다. 또한, 미디어를 통해 어떤 내용을 봤는지 쉽게 떠올리지 못하는 경우도 있었다(9명, 13.4%). 아동을 언급한 경우도 있는데(5명, 7.5%), 결혼이주여성의 경우 출산과 육아와 관련된 건강정보를 자주 접하는 것으로 해석된다. 〈표 9-7〉은 미디어를 통해 접한 건강정보의 종류이다.

인터넷의 경우, 출신국에 있는 가족과 이메일을 주고받거나 대화를 나누기 위해 자주 사용하고 있었고, 자국 출신 이주민들과의 소통을 위해서 활용되는 경향도 관찰되었다. 또한, 포탈을 통해 출신국에서 어떤 뉴스가 있는지를 찾기도 하고, 고국 문화도 접하고 있었다. 이는

〈표 9-7〉 미디어 노출 건강정보: 분야별(다중응답)

항목	빈도(명)	퍼센트(%)
생활습관	18	26.9
암	12	17.9
기타(특정 질환 언급 안함)	9	13.4
아동	5	7.5
위장질환	4	6.0
호흡기(감기 등)	3	4.5
근골격계	3	4.5
신경계(뇌출혈 등)	3	4.5
산부인과	2	3.0
피부과(종양 포함)	2	3.0
치과	1	1.5
이비인후과	1	1.5
정신과	1	1.5
정기검진	1	1.5
전염병	1	1.5
내분비과	1	1.5
합계	67	100.0

인터넷이 출신국에 사는 가족과 지인 등과 연결을 유지하고, 한국 내에서도 같은 출신국의 이주민들과 일종의 '에스닉 공동체'를 인터넷을 통해 만들어 정보와 사회적 지지를 공유하는 채널로 작동하고 있음을 보여준다.

한국어에 상대적으로 능숙한 중국동포의 경우 네이버나 다음 등의 한국 검색엔진 메인화면에 나오는 건강이슈를 클릭해 보거나, 직접 증상들을 검색창에 넣어 검색해보는 등 좀 더 능동적인 건강정보 검색 경향을 보였다. 반면, 한국어가 익숙하지 않고 영어가 익숙한 이주민은 야후, 구글, 유튜브 등 영어 기반 포털 등을 통해 건강정보를 검색하고 있었다. 아래는 가슴 근육에 양성종양 제거 수술을 받은 여성 이주노동자와 한국말이 서툰 결혼이주여성의 건강정보 습득 방식이다. 이들은 필리핀 출신으로 영어에 능해 영어로 된 인터넷 사이트를 주로 찾는 것으로 보인다.

> 대부분 가슴에 관한 걸 봐요. 내 질병에 대한 이해, 의사가 말한 거나 비슷한 것을 찾아봐요. 유튜브에서요(27, 이주노동자/가사도움, 필리핀, 여성, 39세).

> 야후에서 많이 검색해요. 하루에 1시간에서 2시간 정도 유튜브, 인터넷 많이 하구요(22, 결혼이주여성/다문화 강사, 필리핀, 여, 28세).

> 인터넷을 통해서 봐요. TV에는 건강정보가 없어요. 제가 몸에 이상이 있으면 인터넷에서 무슨 문제, 어떤 원인, 제 증상들을 찾아요. 집에서 만들 수 있는 것을 찾고, 제가 스스로 만들어요. 여전히 증상이 나타나면 병원을 찾아요. 영어로 보통 구글에서 궁금한 걸 찾아요(1, 결혼이주여성/주부, 필리핀, 여성, 36세).

위의 의견들을 보면, 유튜브, 구글, 야후 등의 다양한 인터넷 기능들을 활용함을 알 수 있다. 한국어와 영어가 모두 익숙하지 않은 이주민의 경우 미디어 채널을 활용하기보다는 주변 사람에게 건강과 관련해 궁금한 점을 묻는다고 응답했다. 한국어가 서툴고, 육아나 노동으로 다른 사회참여 활동을 활발하게 하지 못하는 상황에서는, 건강정보를 자신의 가족이나 병원 방문에 의지해 습득한다는 경우가 많았다(예: 1, 결혼이주여성/주부, 필리핀, 여성, 36세; 27, 이주노동자/가사도움, 필리핀, 여성, 39세).

미디어 채널을 이용한 건강정보 습득은 사회적 위치, 사회적 지지,

미디어 활용 능력 등에 따라 차이를 보였다. 50~60대는 인터넷보다는 TV나 인쇄매체를 통해 건강정보를 접하거나 찾는 경향을 보였다(예: 24, 이주노동자/가사도움, 중국, 여성, 54세; 25, 이주노동자/가사도움, 중국, 여성, 65세; 26, 이주노동자/가사도움, 중국, 여성, 64세). 특히, 50~60대 중국 출신 이주민은 한국문화 적응이 비교적 높음에도 인터넷을 사용하지 않는다는 응답이 있었다. 이는 인터넷 이용의 능숙함 정도를 뜻하는 '인터넷 리터러시(Interent literacy)'가 출신국과 연령에 따라 다르기 때문으로 해석된다. 20~30대의 젊은 남성이나 미혼 여성 이주노동자는 인터넷을 사용할 수 있음에도 불구하고 인터넷은 물론, TV 매체를 이용해서도 건강정보를 잘 찾지 않는 경향도 관찰되었다. 이는 고단한 일상으로 여유가 없다는 점과 상대적으로 젊고 노동능력이 있는 이주노동자들이 자신의 건강상태를 긍정적으로 판단하는 "낙관적 편견"이 건강정보를 찾지 않는 경향으로 이어진다고도 해석할 수 있겠다. 향후 이주민 대상 헬스커뮤니케이션 개입에서는 이러한 직업적, 연령적 특성을 고려해 메시지와 채널 전략을 수립하는 것이 유익할 것이다. 아래는 TV이용에 관한 설명이다.

> TV를 많이 봐요. TV 그림(영상)으로 보여주는 게 좋아요(39, 이주노동자/자동차부품공장, 인도네시아, 남성, 36세).

> 많이 봐요. 집에 있을 때는 하루종일 봐요. 일할 때는 보는 시간이 거의 없어요. TV보면 운동하는 프로그램 나오잖아요. 그거 많이 보고, 인터넷에서도 많이 봐요. 아침에 건강에 대한 이야기 많이 나와요(32, 이주노동자/식당종업원, 몽골, 여성, 46세).

위의 인터뷰처럼 대부분의 이주민들은 TV를 집에 가지고 있었고,

퇴근 후나 가사노동을 끝낸 후, 혹은 여가 있을 때 TV를 틀어놓는다고 했다. 이는 TV가 일상에 밀착된 매체임을 보여준다. 특히, 한국어가 능숙하지 않더라도 영상매체이자 흥미를 유발하는 오락프로그램들이 많은 TV를 습관적으로 틀어놓고 있는 경향을 알 수 있다. 이 결과는 미국에서의 연구와도 유사한데, 미국의 아시아 출신 이민자들이 TV를 더 자주 활용하는 습관을 갖고 있고, 현지 언어 능력이 증가할수록 거주국의 TV 프로그램을 더 많이 본다고 한다(Lee & Tse, 1994).

가사와 육아로 시간이 없어 TV를 거의 못 보는 이주민도 있었지만, 다수가 오락·교양 프로그램을 통해 건강정보를 접하고 있었다. 한국어가 서툰 이주민들은 디스커버리 채널이나 외국 프로그램이 나오는 채널 또는 스포츠 채널을 주로 본다고 응답하였다. 대체적으로 한국어를 어느 정도 이해할 줄만 알아도 〈비타민〉, 〈생로병사의 비밀〉, 〈스펀지〉, 〈위기탈출넘버원〉, 그 외 오전 시간대 의사 등 의료인들이 나와서 강의하거나 대담하는 프로그램들을 시청하고, 건강정보를 얻은 경험이 있다고 이야기했다. 아래는 다양한 TV 프로그램들을 통해 건강정보를 얻는다는 경험에 대한 설명이다. 특히, 남편과 같이 보는 경우가 많고, TV에서 본 정보를 유념하고 실천하려고 노력한다는 언급도 주목할 부분이다.

> 영양플러스, 금요일마다 하는 프로그램 생로병사의 비밀. 남편이랑 같이 봐요(6, 결혼이주여성/주부, 베트남, 여성, 30세).

> 저는 KBS 〈생로병사의 비밀〉을 주로 봐요. 그건 재미나고 볼 것도 많고 들을 것도 많아요. 333건강법 같은 거 그대로 실천하려고 노력하고 있어요(25, 이주노동자/가사도움, 중국, 여성, 65세).

무거운 거 들 때 조심하라고(무거운 물건을 들 때 어떻게 들어야 하는지 시연함). 위기탈출넘버원. 그런 거 봤어요. 정보전달 프로그램 많이 봤어요(36, 이주노동자/꽃농장일용직, 방글라데시, 남성, 50세).

미국에서 인종적 소수자, 저소득층, 성소수자들은 주류미디어의 건강정보 프로그램들의 목표대상이 아니라고 생각하며, 주류 의료체계나 미디어로부터의 건강정보와의 관련성을 느끼지 못하고, 건강캠페인에서 나오는 정보가 그들의 요구나 일상을 반영하지 못한다고 느낀다고 한다(Aldoory, 2001). 건강 프로그램이나 광고에 주로 젊은 백인들이 출연하기 때문에 거리감을 느끼고 공감을 유도하는 데 한계가 있음이 원인이라는 연구결과도 있다. 이러한 선행연구와 유사하게 한국에서도 이주민들은 건강에 관한 공익광고를 접한 기억이 없거나 본 기억은 있으나 주제를 기억하지 못한다는 응답이 많았다.

암도 공익광고가 있었나요? 난 모르겠어요(18, 결혼이주여성/통번역지원사, 중국, 여, 36세).

자주 접해요. 근데 지금 생각나는 건 없는데요(17, 결혼이주여성/다문화강사, 중국, 여, 37세).

사회에서 소외되고, 주변화된 계층의 경우 정부나 의료기관이 주도하는 건강캠페인을 자신의 이슈로 생각하지 않고, 주목하지 않는 경향이 있다. 이를 감안하면, 이주민을 대상으로 한 메시지를 이주민들이 자연스럽게 등장하면서, 이들의 경험을 이야기하는 방식으로 구성한다면 더욱 공감을 유도할 수 있을 것이다. 또한, 이주민들은 건강

관련 공익 광고보다는 고혈압 관련 신약광고, 보험 광고, 상조 광고 등 상업적인 광고들을 건강과 관련해 더 많이 기억하고 있었다. 상업 광고와 혼돈되지 않도록 공중의 주목 및 회상률을 높일 수 있는 건강 증진 공익광고와 캠페인 전략이 새롭게 구성되어야 할 필요성이 있다. 종합하면, 미디어 채널의 경우 언제나 쉽게 이용 가능한 TV와 인터넷을 통한 건강정보 접촉이 가장 많았다. 또한, 고되고 바쁜 일상, 언어문제, 제한된 사회관계가 건강에 대한 미디어를 활용한 커뮤니케이션을 제약하는 요인들이었다. 향후 이주민 대상 질병 예방 및 건강증진 캠페인에서는 이주민들의 건강 근심들을 선제적으로 파악하고, 이들이 처한 사회문화적 맥락들을 고려해 메시지 및 채널 전략이 수립되어야 할 것이다.

인터뷰에서는 미디어에서 접한 건강 관련 내용을 가족, 직장동료, 친구 등과 대화할 때 이야기 소재로 공유하는지를 물었는데, 건강에 대한 후속 커뮤니케이션을 하지 않는다는 응답이 다수를 차지했다. 일부 한다고 언급한 경우는, 주로 가까운 가족이나 직장동료, 친구와 미디어에서 접한 건강정보에 대해 대화를 나누고 있었다.

> 친구랑 (건강정보) 검색한 거 이야기해요. 내가 병원에서 집에 가면 내가 친구한테 이야기해요. 뭐 먹어야 해, 이런 거 얘기해요(37, 이주 노동자/일용직, 이란, 남성, 38세).

향후 이주민 대상 헬스커뮤니케이션에서는 미디어를 통해 내보낸 건강이슈를 대인 간에 다시 의제화하는 방법을 고민함으로써 이주민 간 건강 주제가 활발히 소통될 수 있도록 해야 할 것이다. 즉, 미디어를 통해 전파된 건강 메시지를 대인 간 의제로 연결해 이주민 사이에서 소통되고, 공감하는 방안을 전략적으로 제시하는 것이 필요하다. 한국어 수준이 낮은 경우는 건강정보를 얻기 위해 주로 영상매체에 의존하는 것으로 나타났고, 좀 더 이해하기 쉽게 TV로 정보가 전달되면 좋겠다는 의견도 제시되었다. 향후 건강정보를 담은 TV 프로그램에 대한 이주민의 노출도 · 주목도 향상 전략과 함께, 다국어 사용, 다중 자막방송 실시 등 문화적, 언어적 소수자들의 접근성과 이해도를 높이는 방안도 모색되어야 할 것이다.

제10장

결론과 제언:

이주민의 건강증진을 위한 헬스커뮤니케이션 전략 탐색

제10장 결론과 제언:
이주민의 건강증진을 위한 헬스커뮤니케이션 전략 탐색

선행연구에 의하면, 인종주의적 차별 경험은 스트레스, 만성병과 정신질환에 취약하게 만든다. 의료현장이나 건강관리와 관련한 차별은 직업 불안정, 사회적 지지 부족, 커뮤니케이션의 어려움, 낮은 교육수준, 상이한 문화적 정체성과 가치 등과 결합되면서 이주민의 건강에 부정적 영향을 준다. 〈이주노동자건강연구회〉는 "이주노동자는 저소득, 열악한 근로조건, 장시간 노동으로 인한 경제적, 시간적 부담에 더하여 언어 능력과 정보이용 폭이 제한됨으로써 '건강리터러시'가 취약하며, 한국 내 이주민의 의료이용 행태를 고찰해 이를 확인하였다"고 밝혔다(이주노동자건강연구회, 2009, 145-146쪽). 위의 연구결과는 헬스커뮤니케이션을 활성화해 정확하고 충분한 건강정보를 제공한다면 이주민이 겪는 건강불평등 해소에 기여할 수 있음을 보여준다.

〈외국인이주노동운동협의회〉의 〈이주노동자 노동권실태조사〉에 따르면 이주노동자는 일일 10시간 이상 장시간 노동을 하며, 정기적 건강검진을 받는 비율은 27%에 불과한 열악한 건강상태에 놓여 있었다(김미선, 2009, 25쪽). 이 연구에 따르면, 이주노동자는 열악한 노동환경과 시간 및 돌볼 사람의 부족으로, 결혼이주여성은 가사와 육아로 인한 바쁜 일상으로 자신의 건강관리를 하기가 어려웠다. 아래 언급처럼 이주노동자의 경우 의료보험 혜택에서 배제된 가운데 일요일만 빼고 계속 일해야 하는 노동 환경으로 인해 건강관리가 크게 제약되고 있었다.

> 한국의 음식도 깨끗하고 환경도 깨끗하고 다 좋은데 우리 같은 외국인노동자들도 의료보험 혜택을 받았으면 좋겠어요. 완전 혜택도 못 받아도 간단한 것만이라도 받았으면 좋겠어요. 그러면 견딜 수 있을 것 같아요. 가정부로 있는 사람들은 그런 게 없잖아요(25, 이주노동자/가사도움, 중국, 여성, 65세).

> 사람 밑에 사람 없고, 사람 위에 사람 없어요. 건강적으로 문제가 생기면, 여러분이 받는 것처럼 우리도 똑같이, 동등하게 떳떳하게 받고 싶어요. 건강하게 일하면서 살고 싶어요. 그런 걸 해결해주는 기관들이 생겨났으면 좋겠어요(34, 이주노동자/파트타임, 방글라데시, 남성, 38세).

위의 언급은 이주민 등 사회적 소수자에게 질 높은 건강관리를 제공해야 할 필요성을 보여준다. 특히, 한국에서 노동하면서 일정한 조세의 의무도 수행하는 이주민들이 그들의 건강을 위한 검진과 치료 등의 혜택을 잘 받을 수 있도록 제도개선이 요구됨을 알 수 있다. 연구결과에 따르면, 서구의 일부 선행연구와 달리 이주민은 건강에 대해 현실적이고 적극적인 관점을 가지고 있었다. 하지만, 질병 예방을 위한 상담, 운동, 검진 등에 대한 인식은 미비했다. 또한, 이주민들은 한국의 의료서비스와 의료진과의 상호작용에 만족하고, 의료진을 신뢰하는 경향을 보였다. 이는 서구와 달리 이주민의 수가 적은 상황에서 한국에서는 내재화된 인종주의가 약하고, 이주민을 동정하는 경향이 존재함과 함께 한국의 높은 의학 수준에 대한 믿음도 작동하는 것으로 해석된다. 동시에 의료적 상호작용 과정에서 의사소통 문제나 의료보장 부재로 인한 접근성 제약 등을 지적하는 목소리도 적지 않았다.

건강정보 공유를 위해서는 이주민 공동체를 활용하는 것이 중요하며, 이주민 당사자 중에서 한국어에 능숙한 사람을 활동가나 통역사로 양성하고, 이주민 리더 등 이주민 당사자를 활용해 건강정보를 전달하고 통역까지 지원함으로써 큰 효과를 볼 수 있다(신유나 외, 2019, 69쪽). 일부 지역에서 운영 중인 "외국인주민대표자회의"를 통해 건강 등 기본권 강화를 위한 정책을 이주민 스스로 발굴하는 방안, 지자체 차원에서 노동권익, 교육, 의료, 커뮤니티, 문화 등의 영역들에서 상담에서 권리구제까지 원스톱 통합 서비스를 제공하기 위해 당사자인 이주민 출신 담당 전문관 채용, 외국인근로자센터에 상근 노무사 채용 등을 통해 이주민 지원을 위한 전문성과 접근성을 높일 수 있다(주진우 외, 2016). 지역에 따른 건강불평등이 엄존하는 상황에서 지자체가 이주민의 건강을 조사하고, 맞춤형으로 대책을 마련하는 것이 필요하며, 이 과정에서 이주민 출신 '이주민건강정책담당관'의 운영도 유익하겠다. 마을단위에서 이주민 당사자를 '이주민건강커뮤니케이터'로 양성해 이주민들이 편하게 건강문제를 상담하고, 통역 등 도움을 받을 수 있는 체계의 구축도 필요하다. '이주민건강커뮤니케이터'는 이주민의 건강문제와 직결되는 정보와 지지 제공과 함께 보다 전문적인 도움이 필요한 경우 적합한 보건의료기관으로 연결해 주는 역할을 함으로써 이주민의 건강권 확보와 '임파워먼트'에 기여할 수 있다. 덧붙여 의료인 등 건강관리 제공자의 문화적 민감성 향상을 위한 교육 프로그램, 외국인의 건강권을 위한 건강보험 확대 적용 등도 대안이 될 수 있다.

문화적 특성은 건강 관련 우선순위에 대한 인식과 결정, 건강 행동 및 교육에도 영향을 준다. 또한, 다문화 상황에서 의료시스템의 문화적 민감성 부족은 건강서비스 공급자와 환자 모두에게 불만족과 스트레스를 주고 진료의 효율성을 낮출 수 있다. 이는 이주민이라는 목표 대상의 특성과 맥락을 고려한 헬스커뮤니케이션 전략이 필요함을 암시한다. 의사의 권고를 받은 여성이 8배나 더 많이 자궁경부암 검진을 받으며 같은 여성 의사와 상담할 경우 검진을 실행할 가능성이 더 높다고 하다(Taylor et al., 2009). 라티노 미국인의 경우 의사-환자의 호의적 관계가 운동을 촉진하고, 신체적·감정적 웰빙에도 긍정적으로 작용했다(Lim, et al., 2008). 이는 의료현장에서의 커뮤니케이션이 실질적인 건강 관련 행동과 건강상태의 변화에도 영향을 줌을 알 수 있게 한다. 이 점에서 의료현장에서 상호적이고 열린 커뮤니케이션은 물론이고, 공중의 특성과 요구를 고려한 공감적 커뮤니케이션을 통해 예방, 검진, 상담의 가치와 방법을 적극적으로 알리고 소통하는 헬스커뮤니케이션 프로그램이 효과적일 것이다.

공통적으로는 비용문제, 한국어 부족, 병원을 치료 중심으로 인식하는 경향, 사회적 지지 부족이 의료서비스 이용을 가로막는 요인들로 나타났다. 건강정보에 대한 접근과 이용 및 건강지식에 있어서 격차를 줄이는 것은 이주민 등 취약한 그룹의 건강증진을 위해서도 필수적이다. 아래의 제안은 이주민 모두의 건강증진을 위해 고려되어야 할 것들이다.

> 외국 분들이 한국에서 아플 때, 언어가 잘 안 통해서, 아니면 본인이 어떻게 해야 할지 몰라서, 아니면 자기를 이상하게 볼까봐, 미등록 상태나 외국인 노동자들도 그렇고. 그런 생각을 버리게 했으면 좋겠고,

더 친절하게 진료받고 갈 수 있으면 좋겠어요. 병원에서 책자를 주기는 하는데 예방접종 도장 찍는 거, 수첩이에요. 저는 그렇게 큰 도움이 안 돼요. 그게 한국어로만 되어 있잖아요. 한국어-영어, 한국어-베트남어 같이 다른 언어로 적혀있으면 좋겠어요(11, 결혼이주여성/사무원, 몽골, 27세).

위의 언급은 이주민들에게 보다 우호적인 건강정책과 진료 문화가 필요하다는 점과 건강 메시지에서 언어적 어려움을 해소하기 위한 이중언어 활용이 요구됨을 보여준다. 비교적 나이가 젊은 20, 30대 이주민들이 인터넷 등 미디어 채널을 통해 더 활발하게 정보를 습득하고, 공유하는 모습을 보였다. 젊은 층은 건강에 대한 낙관적 편견으로 인해 건강정보를 많이 찾지는 않지만, 인터넷이 핵심 커뮤니케이션 채널로 자리 잡고 있다는 점은 역시 시사점을 제공한다. 즉, 인터넷 등 뉴미디어가 젊은 이주민층에서 편리하게 활용되고 있다는 점과 향후 이주민의 연령대를 고려해 채널을 선택할 필요가 있음을 보여준다. 아래는 비교적 적극적으로 인터넷과 페이스북, 유튜브 등 소셜미디어를 활용하는 20~30대 이주민들의 이야기들이다.

'야후 베트남' 이용해서 다 찾아요. 필요한 건 검색하면 되고요, 근데 나는 보통은 친구들과 채팅해요. 나는 페이스북도 하니깐 그것도 해야 하고(20, 결혼이주여성/다문화 강사, 베트남, 여, 25).

첫째는 인터넷, 둘째는 텔레비전, 셋째는 신문. 인터넷은 시간이 있을 때마다 해요. 매일(34, 이주노동자/파트타임, 방글라데시, 남성, 38세).

위의 언급들과 함께 연구가 진행된 시점보다 수년이 경과한 현재

페이스북, 유튜브 등을 통해 이주민들이 건강정보를 공유할 수 있는 기회들이 늘어났다는 점을 고려한 헬스커뮤니케이션 전략 수립이 필요할 것이다. 한편, 체류기간은 큰 영향을 주지 않는 것으로 나타났다. 이는 단순히 오래 체류하는 것이 중요한 것이 아니라 어떤 공동체 속에서, 어떤 사회적 지지를 받으며, 어떻게 상호작용하는지가 한국어 실력과 문화적응, 그리고 헬스커뮤니케이션에 더 큰 영향을 줌을 보여준다. 미국에서도 영어를 잘 하지 못하는 이민자일수록 건강정보에 접근이 제한되고(Clayman, et al., 2010), 현지 언어 능력이 좋아질수록 거주국 미디어를 더 많이 활용했다고 한다(Lee & Tse, 1994). 연구결과, 한국어가 익숙한 이주민들은 건강정보를 다양한 채널을 통해 얻었지만 한국어 수준과 문화적응 수준이 낮은 이주민은 건강정보에 대한 접근성이 낮고, 신뢰도도 낮았으며, 다양한 건강정보 채널을 활용하지 못하고 있었다.

미국과 같은 서구에서의 문화적응과 건강위험 행동에 대한 연구에서는 이주한 국가로의 문화적응이 높을수록 건강검진과 예방 행동을 많이 하지만, 동시에 음주와 흡연 등 건강에 유해한 행동도 많이 한다는 점이 주장되었다(Masel, et al., 2006). 이 연구에서 이주민들은 그들이 속한 열악한 환경, 그리고 대부분이 동양 문화권 출신이라는 점에서 한국에서 만연한 음주, 흡연 같은 건강에 해로운 행동을 따라하지 않는 경향을 보였다. 인터뷰 결과에 따르면, 건강검진 부족의 경우 검진을 받을 수 있는 경제적 여건의 미비와 예방 행동에 대한 인식 부족이 함께 영향을 주는 것으로도 관찰되었다. 특히, 결혼이주여성들은 본인보다 자녀의 건강에 관해 정보를 찾고 커뮤니케이션하는 경우가 더 많았다. 이는 결혼이주여성들이 한국에서 문화적으로 또 일상에서 엄존하는 '가부장주의'의 영향으로 자신의 건강보다는 자녀나 가족의 건강을 더 걱정하는 일종의 "현모양처"의 여성성을 따르게 되는 현상으로 해석된다. 이러한 경향들을 종합해 이주민들이 처한 문화적 환경을 고려한 헬스커뮤니케이션 전략이 요구된다.

이 연구를 통해 이주민의 건강정보 접근·이용과 병의원 이용 경험을 맥락을 중심으로 파악하고 대안을 고민해 보았다. 무엇보다 이주민을 건강증진 과정의 참여자로 간주하는 헬스커뮤니케이션 노력을 구체화해야 한다. 특히, 의료인 등 이른바 전문가들은 환자의 요구와 관점을 발견할 수 있어야 하며(Suurmond et al., 2011), 이를 위해서는 다양한 배경을 가진 환자에 대한 이해와 문화적 민감성을 높여야 한다. 나아가 환자의 순응 부족을 문화적 또는 인종적 요인으로 단정하거나, 특정 문화를 건강에 대한 책임감 결여나 동기 부족과 연결하는 고정관념에서 탈피해야 한다. 이러한 의료인의 문화적 민감성과 의사소통 능력은 자연스럽게 갖추어지지 않으며, 전문적이고 체계적인 교육이 필요한 영역이다. 언어적·문화적 차이를 겪는 소수자 집단들의 긍정적인 건강 행동을 촉진하고, 삶의 질을 높이기 위해서는 문화적으로 민감한 의료커뮤니케이션을 위한 교육 프로그램 개발과 실행이 요구된다(Javier, Huffman, Mendoza, & Wise, 2010; Lim, et al., 2008).

이주민 진료에 참여하는 건강관리 제공자와의 인터뷰와 현장 관찰에 의하면 국립중앙의료원의 경우 〈다문화가정진료센터〉를 운영하고, 다국어로 제작한 안내 리플릿을 비치하고 있었으며, 통역서비스를 제공하고 있었다. 이들은 이주민의 열악한 상황을 도와주려는 마음이 강했는데, 이는 다문화사회 초기에 이주민에 대해 동정적 시선이 강하다는 점에서 이해될 수 있다. 하지만, 건강관리 제공자들의 다문화커뮤니케이션 능력과 다문화적 민감성 등을 전문적으로 배양하기 위한 교육 프로그램을 갖추고 있지 않았다. 전문적인 다문화 민감성 교육 프로그램을 통해 이주민을 "우리"의 한 부분으로 이해하고 편견 없이 대하는 방법을 교육해야 하며, 이러한 교육이 문화 간 의료 상황에서 의학적 효율성 향상은 물론 실질적인 이주민의 건강증진에도 기여할 것이다.

이주민은 TV, 인터넷, 인쇄매체 순으로 건강정보를 자주 접하고 있었다. 대인 채널로는 결혼이주여성의 경우는 남편, 시댁 등 가족과, 이주노동자의 경우는 동료 이주노동자와 가장 자주 소통하고 있었다. 한국어를 잘할수록 다양한 채널을 통한 건강정보 습득 방식을 보였고, 가족 외에 친구, 이웃, 동료 등 사회적 네트워크를 가동한 커뮤니케이션의 비중이 높았다. 이 결과는 결혼이주여성이 가정 내 고립이나 언어문제로 가족 간 커뮤니케이션이 제한적일 것이라는 일부 연구결과나 단정과는 다른 것이다. 또한, 이주민들은 TV의 오락·교양 프로그램을 통해 건강에 관한 상식과 정보를 접하는 경우가 많지만 건강 관련 공익광고를 기억하는 경우는 적었다. 이는 이주민을 대상으로 건강 관련 메시지를 전할 때는 TV의 오락·교양 프로그램을 활용하는 것이 효과적이라는 점과 동시에 공익광고의 경우 이주민이 더 주목할 수 있도록 메시지와 채널 전략의 변화가 요구됨을 보여준다.

연구결과를 종합하면, 이주민 등 우리와 다르다고 인식되어 온 계층과의 적극적인 소통을 통해 그들의 건강 관련 믿음, 태도, 행동에 대해 이해하고, 그 이해를 바탕으로 건강증진 전략을 세워야 한다. 이주민의 특성을 고려한 적극적인 커뮤니케이션 노력이 그들의 건강증진과 나아가 다문화사회로 진행하고 있는 한국사회 전체의 건강불평등 해소와 건강증진에도 기여할 것이다. 이를 위해 이주민이 동질적이지 않다는 전제로 이들의 특성을 심층적으로 파악하고, 이들의 건강문제들에 대해 맞춤형으로 접근하는 커뮤니케이션 노력이 필요하다. 또한, 이주민 사이에서 미디어를 통해 접한 건강정보를 가족, 지인, 직장동료 등 대인 네트워크를 통해 공유하고 확산하는 방안도 개발되어야 한다. 건강정보원의 이용 방식은 민족성, 사회경제적 지위, 문화적응 수준 등에 따라 다르게 나타난다. 이러한 맥락들을 고려해 헬스커뮤니케이션 과정에 영향을 주는 미디어 채널들을 파악하고 활용해 건강정보를 효과적으로 전달하면서 건강증진 캠페인을 전개하는 방법에 대한 구체적인 연구도 필요하다.

제11장

맺음말과 제언

제11장 맺음말과 제언

커뮤니케이션은 정보전달은 물론, 설득과 공감의 과정이며, 개인은 물론, 공동체 차원의 인식, 태도, 행동 변화를 통해 건강에 영향을 주는 중대한 사회변화를 이끌 수 있다. 커뮤니케이션을 통한 정확하고 필수적인 정보제공으로 식생활개선, 운동, 건강위험행동 중단 등 질병 예방 행동을 유도함은 물론, 검진과 치료를 적절하게 받게 함으로써 개인의 건강증진과 함께, 사회의 질병 발병률과 사망률을 낮출 수 있다. 최근 코로나 19 위기에 맞서 방역·보건을 위한 손 씻기, 마스크 쓰기, 사회적 거리두기 등 생활방역이자 사회적 방역의 실천이 개인과 공동체 건강에서 결정적으로 중요함을 체감할 수 있었다. 이러한 건강에 대한 인식의 변화와 행동의 실천을 위해서는 건강에 대한 단순한 정보전달을 뛰어넘어 개인과 공동체의 건강함을 위해 요구되는 구체적인 행동들을 설득하고 공감을 유도하는 커뮤니케이션 노력이 동반되어야 한다. 특히, 다문화사회에서 사회적 약자이자 소수자로서 건강권을 포함한 정치적, 경제적, 문화적 권리와 복지 영역에서 소외되기 쉬운 이주민의 질병 예방과 건강증진 및 삶의 질 향상을 위해서는 다양한 문제들과 함께 대안들을 공론화하는 커뮤니케이션 차원의 개입이 필수적이다.

이 연구는 헬스커뮤니케이션, 특히, 비판적 헬스커뮤니케이션과 질병의 맥락적 구성주의 관점들을 접목해 건강에 대한 이주민의 인식,

병의원 이용 경험, 헬스커뮤니케이션 과정을 중심으로 이주민의 건강증진을 위한 커뮤니케이션 차원의 문제들을 탐색하고, 대안들을 찾고자 했다. 연구결과에 의하면, 비판적 헬스커뮤니케이션과 질병의 맥락적 구성주의 관점이 주장하듯이 이주민이 처한 맥락과 함께 가족, 직장, 공동체에서의 상호작용 및 참여와 연결되는 커뮤니케이션 요인들이 이주민의 건강정보 접근과 이용 나아가 이들의 건강증진에 영향을 줌을 알 수 있다. 인종적·민족적·언어적 소수자의 경우 건강관리 과정에서 어려움이 크다. 특히, 건강 관련 정보의 습득과 공유, 의료현장에서의 커뮤니케이션 등에서 발생하는 제약들에 대응해 현장중심으로 '아래로부터' 상황을 이해하면서 공감적인 헬스커뮤니케이션 노력과 정책을 전개해야 한다.

헬스커뮤니케이션은 건강한 라이프스타일을 촉진하고, 건강하지 않은 행동을 예방하면서 건강불평등에 도전할 수 있는 적극적인 개입방법이다. 사회적 약자·소수자 등에 대해 동등한 건강증진을 위한 지지를 제공하기 위해서는 커뮤니케이션의 범위와 강도를 넓히는 것이 필요하다. 이 연구는 의료서비스 이용은 물론, 건강정보에 대한 접근과 이용 측면에서 이주민의 생생한 목소리와 경험을 인터뷰와 관찰을 통해 청취하고 공감함으로써 문제를 파악하고, 건강불평등 해소와 이주민의 건강증진에 기여하고자 했다. 한편, 헬스커뮤니케이션 연구의 주류는 단기간의 표본 표집과 설문조사를 통한 양적 연구이고, 관찰 가능한 개인의 행동과 라이프스타일 중심이었다. 특히, 한국의 헬스커뮤니케이션 연구는 건강 관련 광고나 PR 연구, 건강 관련 메시지에 대한 수용자의 반응, 건강 관련 TV프로그램 내용분석 등이 주를 이루지만 건강에 취약한 계층의 목소리를 듣고, 이들의 경험과 의견을 바탕으로 대안을 분석하는 연구는 부족했다. 눈에 보이는 개인의 행동이나 메시지 분석에 집중하는 연구와 달리, 비판적 헬스커뮤니케이션은 건강에 관련된 정치적 · 경제적 · 문화적 · 역사적 측면 등 통합적 과정과 맥락에 주목하며, 대안으로서 공동체의 노력에 초점을 둔다. 이 점에서 비판적 헬스커뮤니케이션과 건강의 맥락주의 관점을 접목한 접근이 건강불평등 해소와 사회적 약자 · 소수자의 건강증진에 기여할 수 있겠다.

이주민과의 상호작용을 바탕으로 한 참여적 접근법은 대화와 상호작용을 통해 연구대상이 주체로서, 스스로 건강이슈를 선택하고, 그 이슈가 왜 중요한지를 말하게 하며, 경험과 의미를 공유하게 한다(Aldoory, 2001). 이러한 접근은 이주민과 같은 소외계층이 연구에 참여해 적극적으로 목소리를 내게 하는 데 적절한 분석 틀이 된다. 이 연구는 관찰과 함께, 사전인터뷰, 본 인터뷰, 추가인터뷰의 진행을 통해 '그라운드 이론(grounded theory)' 구성을 시도했다. 일차적 방법론으로는 건강문제를 겪고 있는 집단의 시각과 목소리로 건강문제를 파악하고, 대안을 모색하는 데 적절한 인터뷰 기법을 활용했다. '아래로부터 말하는 기법'에 따라 이주민의 목소리를 통해 문제를 도출하고, 대안을 탐색하도록 시도했다. 이러한 참여적 접근은 '권리 중심적(right-based)' 방법이며, 차별받는 사회적 약자 · 소수자의 '임파워먼트'를 위한 연구방법으로서의 의미도 있다(조병희, 2008). 특히, 이주민이 건강문제에 대한 발언자이자 그들의 보건을 위해 주체적으로 활동할 수 있도록 지자체 단위에서 '이주민건강정책담당관' 역할은 물론, 마을 단위에서 '이주민건강커뮤니케이터'로 역량을 키우고, 교육을 통해 자격도 부여받음으로써 스스로 '임파워먼트'하는 과정이 필요할 것이다.

연구결과 이주민들은 고정관념과 달리 건강에 대해 능동적인 인식을 가지고 있었다. 또한, 의료기관에서 차별이나 커뮤니케이션의 어려움을 호소하기도 했지만, 한국에서의 병의원 서비스에 대해 비교적 만족하고 있었다. 검진, 상담 등 예방을 위해 의료기관을 이용하는 비중은 높지 않았는데, 비용문제, 고되고 바쁜 일상, 자신보다 가족을 더 생각하는 경향 등이 건강관리와 예방을 위한 의료기관 이용을 방해하는 복합적인 요인들로 해석된다. 또한, 병의원을 아플 때 찾아가는 곳으로 인식하고 있었는데, 이는 이주민만의 특성이기보다는 전반적으로 의료기관을 치료 중심으로 인식하는 사회문화적 특성이 반영되었다고도 볼 수 있다. 여성은 가정과 직장의 위계 구조 속에서 그들의 건강 보호를 위한 행동에 대해 낮은 우선순위를 부여하는 경향이 있는데, 결혼이주여성들의 경우에도 이러한 현상이 관찰되었다. 이주민들은 대인 채널 중에서는 가족과 자국(외국) 친구 등을, 미디어 채널 중에서는 TV를 가장 자주 건강정보를 접하는 채널로 언급하였다. 이는 건강이라는 민감한 주제의 특성상 편하게 느끼며 의사소통이 원활한 지인들과 더 대화를 나눔을 보여준다. TV의 경우, 접근성이 높고, 재미있고, 시청각 매체라는 점에서, 또 언어적 어려움의 부담을 줄여준다는 점에서 이용이 많다고 해석할 수 있다. 이는 건강문제를 다루는 TV 프로그램들이 늘어나고, 웰빙 열풍으로 건강이 TV 프로그램의 핵심 주제로 부상했으며, 이들 프로그램들의 오락성이 강화되는 현상과도 관련이 있다고 해석된다.

의학발전과 기대수명의 연장으로 질병 예방을 넘어 건강하게 사는 방법에 대한 관심이 고조되고 있다. 메르스에 이어 코로나 19 같은 신종감염병의 등장으로 건강에 대한 불확실성이 커지면서 건강에 대한 정보와 소통 욕구가 더욱 커지고 있다. 질병 예방뿐 아니라 다양한 건강문제들을 알기 위한 정보 욕구가 높아지면서 건강에 대한 커뮤니케이션의 중요성도 커지고 있다. 이제는 아픈 사람의 건강회복뿐 아니라, 건강한 사람이 건강을 유지하고, 더욱 건강해지기 위한 행동(검진, 식생활개선, 운동, 콘돔사용, 마스크 착용, 손 씻기, 거리두기 등)에 참여하도록 동기를 부여하고 공감하게 하는 노력도 필요하다. 또한, 건강위험행동을 줄이기 위한 행동(금연, 절주, 안전운전, 스트레스 줄이기 등)을 촉구하고 설득하는 노력도 필요한데, 커뮤니케이션이 그러한 노력의 가교 역할을 수행할 수 있다. 개인뿐 아니라 더불어 사는 공동체에서 서로의 건강을 챙기는 것이 모두의 건강을 위해 필수적이라는 사실도 코로나 19 과정에서의 생생한 경험들을 통해 확인되고 있다. 감염을 막고 건강함을 유지하기 위해서, 나만이 아니라 다른 사람과 공동체의 건강을 위해 마스크 착용과 손 씻기, 사회적 거리두기를 공동체 차원에서 실천해야 하며, 이 과정에서 정보 공유, 설득, 공감을 위한 노력들이 다양하게 전개되고 있다. 시민들의 이해와 공감, 적극적인 참여 없이 의료진 등 전문가나 정부 당국의 '위로부터'의 노력만으로 공동체의 건강을 담보할 수 없음이 명확해지면서 커뮤니케이션의 역할이 더욱 요청되고 있다. 앞서 제시한 것처럼 이주민이 그들의 건강 문제를 스스로 조사하고 대안을 주장하는 헬스커뮤니케이션의 주체이자, 같은 이주민을 돕고, 또 도움을 받을 수 있도록 건강관리의 참여자로 육성하는 정책도 필요하다.

이 연구는 이주민의 건강을 위해 커뮤니케이션의 차원에서 문제 제기와 대안 제시를 시도했다. 이주의 역사 및 다문화 상황이 오래된 서구에서는 이주민의 건강과 커뮤니케이션에 대한 연구가 오래전부터 축적되어 왔지만 한국에서는 이런 연구가 부족했다. 특히, 이주노동자와 결혼이주여성의 법적·제도적 권리와 함께, 건강권 등 기본권에 대한 관심과 대책이 필요한 시점에서 이주민의 헬스커뮤니케이션 활성화를 통해 건강증진을 목표로 한 연구는 시의적절했다고 볼 수 있다. 특히, 이주민을 위한 건강증진 커뮤니케이션 전략 수립을 위한 최소한의 근거들을 제공했고, 헬스커뮤니케이션의 역할을 부각했다는 의미가 있다. 이 연구의 한계점으로는 먼저, 연구에 참여한 이주민들이 수도권 거주로 제한되었다는 점이다. 또한, 이주노동자와 결혼이주여성 등 이주민 간에 차이를 자세하게 밝혀내지 못했고, 성별, 나이, 소득·교육수준, 출신국, 현재 거주지 등의 다양한 변인들의 영향을 충분히 설명하지 못했다. 연구의 진행 시점과 출간 시점이 차이가 있었고, 충분히 업데이트하지 못했다는 한계도 있으며, 이주민 관련 보건정책을 좀 더 자세히 소개하는 것도 필요하다. 또한, 좀 더 다양한 이주민들을 대상으로 조사를 해 더 다양하고 생생한 목소리와 경험들을 담아내면서 관련 요인들의 영향을 더욱 심층적으로 해석해 내는 노력도 요구된다. 후속연구에서 이러한 한계점들이 반영되고 보완된다면, 이주민뿐 아니라 사회적 소수자·약자들을 위한 맞춤형 건강증진 커뮤니케이션 전략을 수립하는 데 더욱 기여할 수 있을 것이다.

| 참고문헌 |

김남국 (2005). 다문화시대의 시민: 한국 사회에 대한 시론. 〈국제정치논총〉, 45집 4호, 97-120.

김남국 (2010). 다문화의 도전과 사회통합: 영국, 프랑스, 미국 비교연구. 〈유럽연구〉, 28권 3호, 133-174.

김미선 (2009). 「국내 이주민 건강보장 제도와 쟁점」. 『한국사회와 이주민 건강』(181-196쪽). 서울: 한국이주민건강협회.

김범수 · 김현희 · 정명희 (2009). 『미디어교육과 교수법』. 서울: 양성원.

김은미 · 양옥경 · 이해영 (2009). 『다문화 사회, 한국』. 서울: 나남.

김은성 (2015). 「메르스 관련 정부 위험소통의 한계에 대한 사회적 원인 분석」. 〈Korean Review of Crisis & Emergency Management〉, 11권 10호, 91-109.

김정우 (2009). 「민간지원활동을 중심으로 본 국내이주민 보건의료 현황과 발전방향: 한국이주민건강협회 활동을 중심으로」. 『인권의 눈으로 본 이주민의 건강권 "이주민 100만 시대, 통합적 이주민 보건 · 의료정책을 논하다"』(3-17쪽). 서울: 한국이주민건강협회 창립 10주년 기념 월례토론회.

김현미 (2010). 「'사랑'의 이주?: 국제결혼 베트남 여성의 결혼이주 과정」. 『국경을 넘는 아시아 여성들』(11-43쪽). 서울: 이화여자대학교출판부.

김현실 (2006). 「문화 정체성, 문화 변용과 청소년의 정신건강: 캐나다의 소수 민족 이민청소년을 중심으로」. 〈정신간호학회지〉, 15권 4호, 384-391.

김홍수 (2009). 「전지구화 시대의 다문화 한국사회와 시민권」. 〈동북아 문화연구〉, 18권, 521-538.

남지민 (2012). 「시민권의 관점에서 본 결혼이주여성 정책 방안 연구」. 〈한국정치연구〉, 21집 1호, 255-277.

류현숙 · 박선주 · 홍승희 (2012). ICT를 활용한 다문화 복지서비스의 쟁정과 개선방안. 〈입법과 정책〉, 4권 2호, 135-165.

민경희 (2008). 『미국 이민의 역사: 이론과 실제』. 청주: 도서출판 개신.

박용익 (2010). 『환자중심의 의료 커뮤니케이션』. 서울: 백산서당.

신유나 · 하세가와사오리 · 최규진 (2019). 「미등록 이주민의 건강 현황 분석과 보건의료서비스 접근성 향상을 위한 제언: 문헌조사와 전문가 인터뷰를 중심으로」. 〈공공사회연구〉, 제9권 1호, 40-84.

심보선 (2007). 「온정주의 이주노동자정책의 형성과 변화: 한국의 다문화 정책을 위한 시론적 분석」. 〈담론 201〉, 10권 2호, 41-76.

심보선 (2008). 『이주민의 미디어 이용 및 욕구실태 조사 보고서』, 2008 KPF 지원사업 조사 · 연구 보고서.

안정임 · 전경란 · 김양은 (2009). 〈다문화와 미디어교육〉. 서울: 방송통신위원회.

엄한진 (2011). 〈다문화사회론〉, 서울: 소화.

원진숙 · 김정원 · 이인재 · 남호엽 · 박상철 · 김광수 · 류재만 (2010). 『글로벌 시대의 다문화교육』. 서울: ㈜사회평론.

윤인진 · 송영호 · 김상돈 · 송주영 (2010). 『한국인의 이주노동자와 다문화사회에 대한 인식』. 서울: 이담.

윤재희 · 유향선 (2009). 「한 걸음 더 나아가기: 영 · 유아 다문화교육의 새로운 방향 모색」. 『다문화의 이해: 주체와 타자의 존재방식과 재현양상』(149-173). 서울: 도서출판 경진.

이수범 · 장성준 (2011). 「중국 유학생들의 문화 간 커뮤니케이션 능력에 영향을 미치는 요인에 대한 연구」. 〈언론과학연구〉, 11권 1호, 258-289.

이영휘 · 이은현 · 신공범 · 송미숙 (2004). 「국내여성과 미국이주 한국여성의 유방암에 대한 건강신념과 유방암자가검진 비교」. 〈대한간호학회지〉, 34권, 307-314.

이주노동자건강연구회 (2009). 「연구결과를 통해 본 이주민 건강실태: 2001년 외국인노동자 의료백서의 연구 결과와 이후의 연구 결과 비교 연구」. 『한국사회와 이주민 건강』(132-178쪽). 서울: 한국이주민건강협회.

이창호 · 정의철 (2010). 「다문화사회 대중매체의 사회통합적 역할 탐구」. 〈한국방송학보〉, 24권 5호, 370-414.

장미경 (2005). 「한국사회 소수자의 시민권의 정치」. 〈한국사회학〉, 32집 6호, 159-182.

장임숙 (2011). 「이주민소수자 정책의 정향과 정체성: 이주노동자와 결혼이주여성에 관한 정책을 중심으로」. 〈한국행정논집〉, 23권 제1호, 145-166.

장한업 (2009). 「프랑스의 상호문화교육과 미국의 다문화교육의 비교연구」. 〈프랑스어문교육〉, 32권, 105-121.

전숙자 · 박은아 · 최윤정 (2009). 『다문화 사회의 새로운 이해』. 서울: 도서출판 그린.

정의철 (2011). 「다문화사회와 이주민 미디어」. 〈언론과학연구〉, 11권 4호, 489-526.

정의철 · 권예지 · 이선영 (2012). 「이주민과 헬스커뮤니케이션에 대한 탐색적 연구」. 〈한국방송학보〉, 26권 4호, 344-385.

정의철 · 이창호 (2007). 「혼혈인에 대한 미디어 보도 분석: 하인스 워드의 성공 전후를 중심으로」. 〈한국언론학보〉, 51, 84-110.

정진주 (2010). 「"아파도 쉴 수 없고 말할 수 없어요": 이주 여성 노동자의 일과 건강」. 『국경을 넘는 아시아 여성들』(79-119쪽). 서울: 이화여자대학교출판부.

정현숙 (2004). 「문화간 커뮤니케이션 갈등에 관한 연구: 한국에 거주하는 외국인 노동자의 체험담을 중심으로」. 〈커뮤니케이션학 연구〉, 12권 3호, 27-45.

조동기 (2010). 「이주자에 대한 사회적 거리와 시민권에 대한 태도」. 〈한국인구학〉, 제33권 3호, 53-73.

조병희 (2008). 『섹슈얼리티와 위험연구』. 서울: 나남.

주진우 · 신경희 · 이영주 (2016). 「서울시 이주노동자 실태와 노동권 보호 방안」. 『서울연구원』.

하윤수 (2009). 미국 다문화교육의 동향과 사회과 교육과정. 〈Social Studies Education〉, 48권 3호, 117-132.

홍숙영 (2008). 지역방송의 지역성 및 다문화주의 반영에 관한 연구. 〈디지털정책연구〉, 6권 3호, 149-158.

황정미 · 김이선 · 이명진 · 최 현 · 이동주 (2007). 『한국사회의 다민족 · 다문화지향성에 대한 조사 연구』. 서울: 한국 여성정책연구원.

Abdullah, A. M., Students, M., & Leung, T-Y. (2001). Factors associated with the use of breast and cervical screening services among Chinese women in Hong Kong. *Public Health, 115,* 212-217.

Agudelo-Suarez, A. A., et al. (2011). The effect of perceived discrimination on the health of immigrant workers in Spain. *BMC Public Health, 11,* 652-661.

Airhihenbuwa, C. O., & Obregon, R. (2000). Acritical assessment of theories/models used in health communication for HIV/ADIS. *Journal of Health Communication, 5,* 5-15.

Aldoory, L. (2001). Making health communications meaningful for women: Factors that influence involvement. *Journal of Public Relations Research, 13,* 163-185.

Amankwah, E., Ngwakongnwin, E., & Quan, H. (2009). Why many visible minority women in Canada do not participate in cervical cancer screening. *Ethnicity & Health, 4,* 337-349.

Basu, A., & Dutta, M. J. (2007). Centralizing context and culture in the co-construction of health: Localizing and vocalizing health meanings in rural India. *Health Communication, 2,* 187-196.

Bauder, H. (2008a). Immigration debate in Canada: How newspapers reported, 1996-2004. *Int. Migration & Integration, 9,* 289-310.

Bauder, H. (2008b). Media discourse and the new German immigration law. *Journal of Ethnic and migration studies, 34,* 95-112.

Beaudoin, C. E., Thorson, E., & Hong, T. (2006). Promoting Youth

Health by Social Empowerment: A Media Campaign Targeting Social Capital. *Health Communication, 19(2),* 175-182.

Bernhardt, J. M. (2004). Communication at the core of effective public health. *American Journal of Public Health, 94,* 2051-2053.

Berry, D. T. (1997). Immigration, acculturation and adaptation. *Applied Psychology: An International Review,* 46(1), 5-68.

Brondolo, E., Gallo, L. C., & Myers, H. F. (2009). Race, racism and health: Disparities, mechanisms, and interventions. *Journal of Behavior of Medicine, 32,* 1-8.

Brunton, M. (2004). Communicating screening mammography in New Zealand: Revealing dialogues of duty and distress. *Journal of New Zealand, 5,* 1-16.

Campo, S., & Mastin, T. (2007). Placing the burden on the individual: Overweight and obesity in African American and mainstream women's magazines. *Health Communication, 22,* 229-240.

Cheong, P. H. (2007). Health communication resources for uninsured and insured hispanics. *Health Communication, 2,* 153-163.

Clarke, J., & Van Amerom, G. (2008). Mass print media depictions of cancer and heart disease: community versus individualistic perspectives?. *Health and Social Care in the Community, 16,* 96-103.

Clayman, M. L., Manganello, J. A., Viswanth, K., Hesse, B. W., & Arora, N. K. (2010). Providing health messages to Hispanics/Latinos: Understanding the importance of language, trust, in health information sources, and media use. *Journal of Health Communication, 15,* 252-263.

Commers, M. J., Visser, G.,. & De Leeuw, E. (2000). Represenations of preconditions for and determinants of health in the Dutch press. Health Promotion International, 15, 321-332.

Dias, S., Gama, A., & Rocha, C. (2010). Perspectives of African and Brazilian immigrant women on sexual and reproductive health. *The European Journal of Reproductive Health Care, 15,* 255-263.

Dutta, M. J. (2006). Theoretical approaches to entertainment education campaigns: A subaltern critique. *Health Communication, 20,*

221-231.
Dutta, M. J. (2007). Communicating about culture and health: Theorizing culture-centered and cultural sensitivity approaches. *Communication Theory, 17*, 304-328.
Ford & Airhihenbuwa (2010). Critical Race Theory, Race Equity, and Public Health: Toward Antiracism Praxis. *American Journal of Public Health. 71(8)*, 1390-1398.
Freimuth, V. S. (2004). The contributions of health communication to eliminating health disparities. *American Journal of Public Health, 94,* 2053-2055.
Georgiou, M. (2005). Diasporic media across Europe: Multicultural societies and the universalism-particularism continuum. *Journal of Ethnic and Migration Studies, 31(3),* 481-498.
Giddens, A. (1998/2011). *Sociology*. 김미숙・김용학・박길성・송호근・신광영・유홍준・정성호 역 (2011). 『현대 사회학』. 서울: 을유문화사.
Gilson, L. (2003). Turst and the development of health care as a social institution. *Social Science & Medicine, 56,* 1453-1468.
Glasser, T. L., Awad, I., & Kim, J. W. (2009). The claims of multiculturalism and ournalism's promise of diversity. *Journal of Communication, 59,* 57-78.
Goodfellow, B., & Moorley, C. (2007). Reaching unreachable groups and crossing cultural barriers in communicating health promotion. N. Corcoran(Ed.). *Communicating Health: Strategies for health promotion*(pp. 53-72). LA: Sage Publications.
Greenberg, J., & Hier, S. (2001). Crisis, mobilization and collective problematization: “illegal” Chiness migrants and the Canadian news media. Journalism Studies, 2, 563-583.
Grosso, A.(2010). Social support as a predictor of HIV testing in at-risk populations: A research note. *JHHSA SUMMER 2010,* 53-62.
Gushulak, B. D., Pottie, K., Roberts, J. H., Torres, S., & DesMeules, M. (2011). Migration and health in Canada: health in the global village. *CMAJ, 183*(12). 952-958.
Hazuda, H. P., Stern, M. P., & Haffner, S. M. (1988). Acculturation and assimilation among Mexican Americans: Scales and population-

based data. *Social Science Quarterly, 69*(3), 687-706.

Hier, S. P., & Greenberg, J. L. (2002). Constructing a discoursive crisis: Risk, problematization and illegal Chinese in Canada. *Ethnic and Racial Studies, 25,* 490-513.

Higgins, J. W., Naylor, P. J., Berry, T., O'Connor, B., & Mclean, D. (2006). The health buck stops where? Thematic framing of health discourse to understand the context for CVD prevention. *Journal of Health Communication, 11,* 343-358.

Hong, E. (2004). The primary health care movement meets the free market. M. Fort & M. A., Mercer, & O. Gish. *Sickness and Wealth* (pp.27-41). South End Press:Cambridge, Massachusetts.

Hunt, L. M., Schneider, S., & Comer, B. (2004). Should "acculturation" be a variable in health research? A critical review of research on US Hispanics. *Social Science & Medicine, 59,* 973-986.

Hurtado, A., & Silva, J. M. (2008). Creating new social identities in children through critical multicultural media: The case of Little Bill. *New Directions for Child and Adolescent Development, 120,* 17-30.

Johnson, J. L., Bottorff, J. L., Browne, A. J., Grewal, S., Hilton, A. A., & Clarke, H. (2004). Othering and being othered in the context of health care services. *Health Communication, 16,* 253-271.

Kim, Y. D. (2015). 수정한 SARF를 적용한 위험의 사회적 증폭 메커니즘 분석: 중동호흡기 증후군 사례를 중심으로. *Korean Review of Crisis & Emergency Management, 11(10),* 63-89.

Kobayashi, K. M., Prus, S., & Lin, Z. (2008). Ethnic differences in self-rated and functional health: Does immigrant status matter. *Ethnicity & Health, 13,* 129-147.

Kreps, G. L., & Sparks, L. (2008). Meeting the health literacy needs of immigrant populations. *Patient Education and Counseling, 71*, 328-332.

Kreuter, M. W., & McClure, S. M. (2004). The role of culture in health communication. *Annual Review Public Health, 25,* 439-455.

Krishnatray, P. K., & Melkote, S. R. (1998). Public communication campaigns in the destigmatization of leprosy: a comparative analysis of diffusion and participatory approaches. A case study in Gwalior, India. *Health Communication, 3(4),* 327-344.

Lara, M., Gamboa, C., Kahramanian, M. Iya Morales, L. S., & Hayes Bautista, D. E. (2005). Acculturation and Latino health in the United States: A review of the literature and its sociopolitical context. *Annual Review of Public Health, 26*, 267-397.

Lee, H., Kim, J., & Han, H-R (2009). Do cultural factors predict mammography behavior among Korean immigrants in the USA? *Journal of Advanced Nursing, 65(12),* 2574-2584.

Lee, H. Y. (2012). At the cross roads of migrant workers, class, and media: a case study of migrant workers' television project. *Media, Culture & Society, 34(3),* 312-327.

Lee, W., & Tse, D. K. (1994). Changing media consumption in a new home: Accuturation patterns among Hong Kong immigrants to Canada. *Journal of Advertising, 23*(1), 57-70.

Len-Rios, M. E., Hinnant, A., Park, S. A., Cameron, G. T., Frisby, C. M., & Lee, Y. (2009). Health news agenda building: Journalists' perceptions of the role of public relations. *Journalism & Mass Communication Quarterly, 86(2),* 315-331.

Loustaunau, M. O., & Sobo, E. J. (1994). *The Cultural Context of Health, Illness, and Medicine*. 김정선 역 (2004). 『건강질병의료의 문화분석』. 서울: 한울.

Masel., M. C., Rudkin, L. L., & Peek, M. K. (2006). Examining the role of acculturation in health behaviors of older Mexican Americans. American *Journal of Health Behaviors, 30*(6), 684-699.

Meyer, I. H. (2001). Why lesbian, gay, bisexual, and transgender public health? *American Journal of Public Health, 91,* 856-858.

Michaelsen, J. J., Krasnik, A., Nielsen, A. S., Norredam, M., & Torres, A. M. (2004). Health professionals' knowledge, attitudes, and experiences in relation to immigrant patients: A questionnaire study at a Danish hospital. *Scand J Public Health, 32,* 287-296.

Mukherjee, J. (2004). Dignosing global injustice. M. Fort & M. A., Mercer, & O. Gish. *Sickness and Wealth*(pp. XIII-XVI). South End Press: Cambridge, Massachusetts.

Myers, H. (2009). Ethnicity- and socio-economic status-related stresses in context: An integrative review and conceptual model. *Journal of Behavior Medicine, 32,* 9-19.

Nettleton, S. (1995/1997). *The sociology of Health and Illness*. 조효제 역 (1997). 『건강과 질병의 사회학』. 서울: 한울.

Nguyen, G. T., Shungu, N. P., Niederdeppe, J., & Barg, F. K. (2010). Cancer-related information seeking and scanning behavior of older Vietnamese immigrants. *Journal of Health Communication, 15,* 754-768.

O' Doherty, K., & Lecouteur, A. (2007). "Asylum seekers," "boat people" and "illegal immigrants": Social categorization in the media. *Asian Journal of Psychology, 59,* 1-12.

Papadopoulos, I., Lees, S., Lay, M., & Gebrehiwot, A. (2004). Ethiopian refugees in the UK: Migrantion, adaptation and settlement experiences and their relevance to health. *Ethnicity & Health, 1,* 55-73.

Parker, P.A., Aaron, J., & Baile, W. F. (2009). Breast cancer: Unique communication challenges and strategies to address them. *The Breast Journal, 15,* 69-75.

Porto, M. P. (2007). Fighting AIDS among adolescent women: Effects of a public communication campaign in Brazil. Journal of Health Communication, 12, 121-132.

Pratt, C. B., Silva-Barbeau, I., & Pratt, C. A. (1997). Toward a symmetrical and an integrated framework of norms for nutrition communication in Sub-Saharan Africa. *Journal of Health Communication, 2,* 43-58.

Radley, A. (1994/2004). *Making Sense of Illness: The social psychology of health and disease*. 조병희 · 전신현 역 (2004). 『질병의 사회심리학』. 서울: 나남.

Ratzan, S. C. (2006). Throughout the health sector: Communication must influence and engage. *Journal of Health Communication, 11*, 453-454.

Ratzan, S. C., Payne, J. G., & Bishop, C. (1996). The status and scope of health communication. *Journal of Health Communication, 1,* 25-41.

Rooks, R. N., Wiltshire, J. C., Elder, K., BeLue, R., & Gary, L. C.

(2012). Health information seeking and use outside of the medical encounter: is it associated with race and ethnicity?. *Social Science & Medicine, 74,* 176-184.

Ryu, E., Ahn, O., Baek, S-S., J, M-S., H, S-E., Park, Y-R., & H, M-Y. (2008). Predictors of mammography uptake in Korean women aged 40 years and over. *Journal of Advanced Nursing, 64(2),* 168-175.

Salant, T., & Lauderdale, D. S. (2003). Measuring culture: A critical review of acculturation and health in Asian immigrant populations. *Social Science and Medicine, 57*, 71-90.

Sanchez-Birkead, A. C., Kennedy, H. P., & Miyamoto, T. P. (2011). Navigating a new health culture: Experiences of immigrant Hispanic women. *Journal of Immigrant Minority Health, 13,* 1168-1174.

Schiavo, R. (2007). Health Communication: From theory to practice. San Francisco, CA: Jossey-Bass.

Seale, C. (2002/2009). *Media & Health.* 유동주 역 (2009). 『미디어와 건강』. 서울: 한울아카데미.

Secginli, S., & Nahcivan, N. O. (2011). The effectiveness of a nurse-delivered breast health promotion program on breast cancer screening behaviours in non-adherent Turkish women: A randomized controlled trial. International *Journal of Nursing Studies, 48,* 24-365.

Singhal, A., & Chitnis, K. (2005). Community organizing for health: A people-centered vision of health. *MICA Communications Review*, 47-54.

Stacciarini, J-M, R., Shattell, M. M., Coady, M., & Wiens, B. (2011). Review: Community-based participatory research approach to address mental health in minority populations. *Community Mental Health Journal, 47,* 489-497.

Stephens, K. K., Rimal, R. N., & Flora, J. A. (2004). Expanding the reach of health campaigns: Community organizations as meta-channels for the dissemination of health information. *Journal of Health Communication, 9*, 97-111.

Sun, A., Zhang, J., Tsoh, J., Kim, E. W., & Chow, E. (2007). The effectiveness in utilizing Chinese media to promote breast health among Chinese women. *Journal of Health Communication, 12,* 157-171.

Suurmond, J., Uiters, E., Bruijne, M. C., Stronks, K., & Essink-Bot, M-L. (2011). Nagative health care experiences of immigrant patients: A qualitative study. *Health Service Research, 11,* 10.

Thompson, S., Hartel, G., Manderson, L., Woelz-stirling, N., & Kelaher, M. (2000). The mental health status of Filipinas in Queensland. *Australian and New Zealand Journal of Psychiatry, 36*, 674-680.

Tulloch, J., & Lupton, D. (1997). *Television, AIDS, and risk: A cultural studies approach to health communication*. St Leonards, Australia: Allen and Unwin.

Ulrey, K. L., & Amason, P. (2001). Intercultural communication between patients and health care providers: An exploration of intercultural communication effectiveness, cultural sensitivity, stress, and anxiety. *Health Communication, 13,* 449-463.

Vyavaharkar, M., Moneyham, L., Corwin, S., Tavakoli, A., Saunders, R., & Annang, L.(2011). HIV-disclosure, social support, and depression among HIV-infected African American women living in the rural southeastern United States. *AIDS Education and Prevention, 23(1),* 78-90.

Walsh-Childers, K., & Treise, D. (1998). Mass media and health issues. *History of the Mass Media in the United States: An encyclopedia*. 354-357.

Williams, S. W., Hanson, L. C., Body, C., Green, M., Goldmon, M., Wright, G., & Corbie-Smith, G. (2008). *Journal of Palliative Medicine, 11(9),* 1221-1226.

Wong, D. F. K., & Leung, G. (2008). The functions of social support in the mental health of male and female migrant workers in China. *Health & Social Work, 33*, 275-285.

Yang, J., Yang, Y., Liu, X., Tian, J., Zhu, X., & Miao, D.(2010). Self-efficacy, social support, and coping strategies of adolescent earthquake survivors in China. *Social Behavior And Personality, 38(9),* 1219-1228.

Zhao, X. (2010). Cancer information disparities between U.S.- and foreign-born populations. *Journal of Health Communication, 15,* 5-21.

아산재단연구총서

001 전환기의 중국경제
김윤환 외 | 단국대 경제학과

002 폴란드 경제의 변천 개혁과 그 전망
김광수 | 숭실대 경제학과

003 재소한인
이광규 외 | 서울대 인류학과

004 소련산림과 임업
홍성천 외 | 경북대 임학과

005 아세안의 정치경제
김국진 외 | 외교안보연구원

006 태국의 사회변동과 경제발전
최석만 외 | 전남대 사회학과

007 중국의 사회경제 통계분석
신한풍 외 | 고려대 통계학과

008 중국의 정치와 경제
박두복 외 | 외교안보연구원

009 동유럽의 개혁과 시장경제의 도입
허만 외 | 부산대 사범대학

010 동유럽의 개혁운동
박영신 | 연세대 사회학과

011 현대 러시아 연구
기연수 외 | 한국외대 노어과

012 전략적 선택과 기업의 국제경쟁력
이장호 | 서강대 경영대학

013 협동사회의 정착과 정부의 역할
이종범 외 | 고려대 행정학과

014 한국 제조기업 생산성의 동적 분석
노부호 외 | 중앙대 경영대학

015 분배의 정의
변형윤 외 | 서울대 경제학과

016 도덕적 행동의 강화
이훈구 외 | 연세대 심리학과

017 관료부패와 통제
김해동 외 | 서울대 행정대학원

018 한국경제의 내실 있는 성장
정창영 외 | 연세대 경제학과

019 한국국민정신운동의 역사와 발전방향
박수명 외 | 부산대 사범대학

020 한국대학생의 가치성향과 상담효과
이영희 외 | 숙명여대 교육학과

021 가출청소년과 학교관리체제
안창규 외 | 부산대 교육학과

022 동북아 정세변화와 한 · 일관계
한승조 외 | 고려대 정치외교학과

023 언론과 부정부패
정대철 외 | 한양대 신문방송학과

024 한국의 고등학교 교육
이원호 외 | 부산대 교육학과

025 가족과 방송
김학수 외 | 서강대 신문방송학과

026 재정개혁의 전망과 재산세제의 개편과제
오연천 | 서울대 행정대학원

027 청소년을 위한 전자게임 프로그램의 규제 및 평가체계 개발
박혜원 외 | 울산대 가정관리학과

028 정신장애자 가족의 사회심리적 특성
이근후 외 | 이화여대 의과대학

029 가족의 관계역동성과 문제인식
이광규 외 | 서울대 인류학과

030 현대인과 한국전통음식
승정자 | 숙명여대 식품영양학과

031 기업의 초고속정보통신망활용
안중호 | 서울대 경영학과

032 지역발전을 위한 교육자치제의 개선방안
김남순 | 조선대 사범대학

033 전환기의 공무원 가치관
조경호 | 울산대 행정학과

034 지방자치와 사회복지의 과제
김영모 | 중앙대 사회복지학과

035 WTO체제하의 지방중소기업 지원정책
최명주 외 | 계명대 통상학부

036 현대한국의 시민운동
이효선 | 중앙대 사회학과

037 기업 세계화의 단계 및 정도의 측정
허영도 외 | 울산대 경영학과

038 가족복지를 위한 가족주치의 시범사업의 효과
이혜리 외 | 연세대 가정의학교실

039 한국대학생의 삶의 만족도
김재은 외 | 이화여대 교육심리학과

040 지역경제와 지역산업구조의 개편방향
정기화 외 | 전남대 경제학부

041 중국기업의 소유형태별 경영특성
노철화 외 | 부산대 무역학과

042 남북한의 인성 · 사상교육
한승조 외 | 고려대 정치외교학과

043 연계적 뇌기능 조언을 위한 의료용 멀티미디어 시스템의 설계
유선국 | 연세대 의용공학교실

044 다민족국가의 민족문제와 한인사회
최협 외 | 전남대 인류학과

045 저소득층지역 청소년 여가문화와 소집단 활성화
박문수 외 | 서강대 사회학과

046 삶의 질의 국제비교와 지역간 비교분석
이재기 외 | 울산대 경제학과

047 21세기 지역주민의 삶의 질
양종회 외 | 성균관대 사회학과

048 삶의 질에 대한 국가간 비교
조명한 외 | 서울대 심리학과

049 외국인 노동자의 노사관계와 사회적 적응
석현호 외 | 성균관대 사회학과

050 한국의 사법제도와 발전 모델
정종섭 | 건국대 법학과

051 고령화사회와 중상층 노인의 사회활동
조성남 외 | 이화여대 사회학과

052 한국의 서비스 시장 개방정책
한홍렬 | 한양대 경제학부

053 한국과 AFTA간의 교역증진 및 경제 협력방안
손일태 외 | 경희대 경제통상학부

054 물류비 절감을 위한 무역업체의 정보화전략
이영수 외 | 경북대 경제통상학부

055 사회주의 체제전환과 사회정책
오정수 외 | 충남대 사회복지학과

056 남북통일 이후 농업생산체계 개편
홍성규 외 | 건국대 농업경제학과

057 국제화와 세계화
하영선 외 | 서울대 외교학과

058 IMF 개혁정책의 평가와 한국경제의 신(新) 패러다임
조동근 | 명지대 경제학과

059 구조개혁과 실업대책
박동운 | 단국대 경제무역학부

060 21세기 신노사관계
심윤종 외 | 성균관대 사회학과

061 학교에서의 집단 따돌림
이춘재 외 | 가톨릭대 심리학과

062 한국노인의 정신건강실태와 건강증진
조맹제 외 | 서울대 의과대학

063 혁명과 개혁 속의 중국 농민
김광억 | 서울대 인류학과

064 중국의 경제환경과 한국기업의 진출 전략
지용희 외 | 서강대 경영학과

065 김대중 대통령의 시스템 사고
김동환 | 중앙대 공공정책학부

066 실업과 가족해체
최일섭 외 | 서울대 사회복지학과

067 합리적 부채비율 조정방안
오상근 | 동아대 경제학과

068 한국 중산층의 생활문화
문숙재 외 | 이화여대 소비자 · 인간발달학과

069 계층간 갈등상태에서 최적소득세
김진욱 | 건국대 경상학부

070 글로벌 경쟁력 제고를 위한 기업전략과 조직구축
이만우 외 | 고려대 경영학과

071 의료보험과 국민연금의 관리효율화를 위한 통합방안
사공진 외 | 한양대 경제학부

072 정부개혁의 과제와 전략
박우서 외 | 연세대 행정학과

073 책임운영기관 제도에 관한 비교분석
김근세 | 가톨릭대 행정학과

074 새로운 패러다임하에서의 한국기업의 바람직한 지배구조
최운열 외 | 서강대 경영학과

075 현대 한국사회의 계층구조
양춘 외 | 고려대 사회학과

076 한국의 산업정책과 산업구조조정
강인수 | 숙명여대 경제학부

077 기업구조조정
김석진 | 경북대 경영학부

078 지식경영을 위한 인적자원 개발 및 관리체계
장영철 | 경희대 경영학부

079 뉴 비즈니스 모델
전성현 | 국민대 정보관리학부

080 중산층의 정체성과 소비문화
함인희 외 | 이화여대 사회학과

081 외국관광객 유치를 위한 마케팅 전략
박상규 | 강원대 경영학과

082 한국인의 세대별 문학의식
이동순 | 영남대 국문과

083 공공부문의 효율성 평가와 측정
김재홍 외 | 울산대 사회과학부

084 한국 청소년의 정치의식과 형성요인
김광웅 외 | 숙명여대 아동복지학과

085 한국 대학생의 정치의식
배한동 | 경북대 윤리교육과

086 산업의 정보화와 산업발전
이기동 | 계명대 통상학부

087 한국 제조업의 고용조정 분석
이종원 외 | 성균관대 경제학부

088 지식자산에 대한 경영전략적 평가모형 개발
배재학 외 | 울산대 컴퓨터 · 정보통신공학부

089 관광사업을 위한 한국적 이미지의 휴식복 개발
채금석 | 숙명여대 의류학과

090 한국 정치제도의 개혁
신정현 | 경희대 사회과학부

091 e비즈니스와 아웃소싱 전략
정승화 외 | 연세대 경영학과

092 집단 따돌림의 진단 및 치료방안
홍준표 | 중앙대 인간생활환경학과

093 16대 총선과 낙선운동
조기숙 | 이화여대 국제대학원

094 부동층 유권자 행태 분석
진영재 | 연세대 정치외교학과

095 사이버 공동체의 성공요인
이재관 | 숭실대 경영학부

096 온라인 소비자 행동의 이론과 실증
윤성준 | 경기대 경영학부

097 글로벌 시대 정약용 세계관의 가능성과 한계
차성환 | 한일장신대 역사사회학과

098 러시아의 체제전환 과정에서 나타난 국가의 역할과 그 전망
이상민 외 | 부산대 정치외교학과

099 남북한의 경제발전 수준과 산업구조 비교, 그리고 경제교류 협력방향
주성환 | 건국대 경제학과

100 집단따돌림과 교육해체
한준상 | 연세대 교육학과

101 공적연금제도의 효율성과 개선방안
유금록 | 군산대 행정복지학부

102 벤처기업-대기업의 성공적인 협력 모델
나중덕 | 경산대 경영학과

103 북한의 재외동포정책
조정남 외 | 고려대 정치외교학과

104 사이버 공동체 형성의 역동적 모형
장용호 | 서강대 신문방송학과

105 기업이론과 기업의 소유지배구조
김일태 외 | 전남대 경제학부

106 가축분뇨 자원화를 위한 공동이용 조직에 대한 농가선호도 분석
유덕기 | 동국대 생명자원경제학과

107 개혁정책과 전문가 집단
이경원 외 | 제주대 행정학과

108 현대 한국사회의 이중가치체계
신수진 외 | 이화여대 가정관리학과

109 한국의 산업구조 변화와 기업집단 다각화 전략
김용학 외 | 연세대 사회학과

110 지식정보사회의 경제적 모형 설정 및 사례 연구
김범환 | 배제대 경영정보학부

111 변호사징계제도
오종근 | 한림대 법학부

112 인터넷 특허법
김순석 | 광주대 법학과

113 e-비즈니스 시대의 금융 및 재정정책의 새로운 패러다임
이종욱 | 서울여대 경제학과

114 청소년의 하위문화와 정체성
조성남 | 이화여대 사회학과

115 디지털금융시대의 금융구조변화와 정부규제 및 정책
이충열 | 고려대 경제학부

116 지식경영을 위한 기업의 조직설계방안
김경수 외 | 전남대 경영학과

117 전자금융의 발달과 경제정책의 새로운 패러다임
이명훈 | 명지대 경제학과

118 동아시아의 안보와 유엔체제
강성학 편저 | 고려대 정치외교학과

119 유료 치매노인 그룹홈의 개발과 관련 정책
최정신 외 | 가톨릭대 소비자 · 주거학과

120 소비자 지향적 문화산업 정책
홍영준 | 호남대 광고홍보학과

121 국제 · 국가 · 지방 환경규제의 연계
정준금 외 | 울산대 행정학과

122 현행 회사 합병 · 분할제도의 평가와 개선방안
옥무석 외 | 이화여대 법학과

123 배려지향적 도덕성과 정의지향적 도덕성
정옥분 외 | 고려대 사범대학

124 기업구조조정에 대한 채권금융기관 및 금융감독기관의 역할과 책임
이중기 | 한림대 법학과

125 실업대책으로서 한국의 법정기준근로 시간 단축
박영범 | 한성대 경제학과

126 프랑스어의 비분리성 소유개념 표현
노윤채 | 연세대 언어정보연구원

127 지방채의 효율적 관리방안
강태구 | 호원대 법행정학부

128 21세기 산업구조 변화와 과학기술정책
임채성 외 | 그리스도신학대 경영정보학부

129 인터넷 쇼핑몰 이용자의 불평행동
예종석 | 한양대 경영학부

130 한국기업의 성과급제도 현황, 효과 및 개선방안
김성수 | 서울대 경영학과

131 전자상거래와 소비자보호
서민교 외 | 경일대 인터넷국제통상학과

132 평생학습 사회에서의 인적자원개발을 위한 사회적 파트너십 구축
김영화 | 홍익대 교육학과

133 한국 공교육의 새로운 구상과 전략
권대봉 외 | 고려대 교육학과

134 한국의 정부개혁
김태룡 | 상지대 행정학과

135 지방정부 생산성 측정의 이론과 실제
이은국 외 | 연세대 행정학과

136 불가 시문학론
배규범 | 경희대 학술연구 교수

137 남북경제교류의 법적 문제
제성호 | 중앙대 법학과

138 경제위기와 청소년 발달
구인회 | 서울대 사회복지학과

139 생명과학기술의 응용과 기본권보호적 한계
정상기 외 | 한남대 법학과

140 경제발전과 정치환경의 한 · 일 비교분석
정갑영 외 | 연세대 동서문제연구원

141 한국 공교육의 진단
윤정일 외 | 서울대 교육학과

142 우리나라 지방자치 발전을 위한 자치단체장의 역할
정성호 외 | 경기대 사회과학부

143 의료보험제도의 개혁방안
권순원 | 덕성여대 경제학과

144 중등 도덕교육의 현실과 문제
손동현 외 | 성균관대 철학과

145 사이버공동체 발전론
이명식 | 상명대 경영학과

146 남북경협 확대에 대비한 북한 담보제도의 정비방안
박훤일 | 경희대 법과대학

147 한국 공무원 인사제도 개혁
김판석 | 연세대 행정학과

148 교사화법 교육
임칠성 외 | 전남대 국어교육과

149 세계화의 문화정치학
임혁백 외 | 고려대 정치외교학과

150 효과적인 e-SCM을 위한 의사결정조정 시스템 모형
이원준 | 성균관대 경영학부

151 환경거버넌스
김종순 외 | 건국대 행정학과

152 자동차산업의 인적자원관리
이덕로 | 서원대 경영학부

153 한국과 영국 간 지식기반산업 비교
이명호 | 한국외대 경영학과

154 한국 벤처기업의 기술네트워킹 및 기술마케팅 전략
장영일 | 인제대 경영학부

155 회사변호사의 윤리
오승종 | 성균관대 법과대학

156 미디어교육론
이정춘 | 중앙대 신문방송학과

157 조선시대 서원과 양반
윤희면 | 전남대 역사교육과

158 환경문제와 철학
박찬국 | 서울대 철학과

159 노인보건복지 이론과 실제
김명 외 | 이화여대 보건교육학과

160 북한의 법체계
권재열 외 | 숭실대 법학과

161 생명공학기술의 안전성 확보에 관한 법적 고찰
이재협 | 경희대 법학부

162 청소년복지학
김성이 외 | 이화여대 사회복지학과

163 변화하는 세계, 변화하는 복지국가
조영훈 | 동의대 사회복지학과

164 의리의 윤리와 한국의 유교문화
김낙진 | 진주교대 도덕교육과

165 미국의 통상정책과 통상법
윤충원 | 전북대 무역학과

166 사회복지 프로그램 평가
김학주 | 경상대 사회복지학과

167 환경주의와 지속가능한 발전
정대연 | 제주대 사회학과

168 무역과 환경
김기흥 외 | 경기대 경제학부

169 산업계 유해폐기물의 위험과 관리
김금수 | 호서대 경상학부

170 백범 김구의 지적 계발과정 탐색
문용린 | 서울대 교육학과

171 태평양전쟁 발발 이후 일제의 인적 지배와 그리스도교계의 대응
윤선자 | 전남대 사학과

172 거버넌스 상황에서 갈등관리를 위한 대체적 분쟁해결제도
서순복 | 광주대 법정학부

173 시장경제의 유형과 민주주의
최배근 | 건국대 경상학부

174 일본고전소설 총론
김현정 | 국립한국전통문화학교

175 국어 교육을 위한 국어 문법론
이관규 | 홍익대 국어교육과

176 율곡의 군주론
전세영 | 부산교대 윤리교육과

177 동북아시아 환경협력
정서용 | 명지대 법학과

178 기후변화협약과 기후정책
신의순 외 | 연세대 경제학과

179 인터넷과 국제 학술정보 네트워크-하이퍼링크 분석
박한우 | 영남대 언론정보학과

180 국내 기업복지의 활성화 방안
최수찬 | 연세대 사회복지대학원

181 세계화와 인간안보
김우상 외 | 연세대 정치외교학과

182 세계문화유산 종묘 이야기
지두환 | 국민대 국사학과

183 한국 평생교육의 사회철학적 과제
곽삼근 | 이화여대 교육학과

184 강점모델
정순둘 | 이화여대 사회복지학과

185 글로벌시대의 계약법
박영복 | 한국외대 법과대학

186 배심제와 시민의 사법참여
안경환 | 서울대 법학과

187 동북아공동체
김재한 | 한림대 정치외교학과

188 정치 참여와 탈물질주의
김욱 | 배재대 정치외교학과

189 퍼지전문가회로망을 이용한 금융기관의 사이버 기업여신결정 지원시스템의 개발
권혁대 | 목원대 경영학과

190 환경정책과 환경법
송인성 | 전남대 지역개발학과

191 포스트모던 시대의 평생교육학
한숭희 | 서울대 교육학과

192 현대 한국인의 세대경험과 문화
박길성 외 | 고려대 사회학과

193 서구의 근로연계복지
김종일 | 건국대 사회복지학과

194 사회복지운동론
현외성 | 경남대 사회복지학과

195 외국의 역모기지 사례
유선종 | 건국대 부동산학과

196 옛이야기와 어린이문학
이지호 | 진주교대 국어교육학과

197 노인사회복지관광의 정책과제와 방안
김창수 | 경기대 관광학부

198 복지서비스의 민간위탁 시스템 분석
김순양 | 영남대 행정학부

199 새로운 빈곤층의 대두와 정부의 정책과제
김진욱 | 건국대 경제학과

200 문화행정론
김정수 | 한양대 행정학과

201 스칸디나비아 노인용 코하우징의 계획과 적용
최정신 외 | 가톨릭대 생활과학부

202 북한의 자연생태계
공우석 | 경희대 지리학과

203 통계로 이해하는 러시아
전홍찬 | 부산대 정치외교학과

204 사회복지법인의 경영과 회계
이동규 | 충남대 회계학과

205 의약분업 정책과정
차흥봉 | 한림대 사회복지학과

206 지역공동체와 평생교육
오혁진 | 동의대 평생교육학부

207 아동보호서비스의 실제
한미현 | 백석대 사회복지학부

208 그린마케팅
박재기 | 충남대 경영학부

209 아동권리와 아동복지
이혜원 | 성공회대 사회복지학과

210 국제 이주와 인도인 디아스포라
김경학 | 전남대 인류학과

211 질병과 의료의 사회학
조병희 | 서울대 보건대학원

212 북한이탈주민의 사회통합을 위한 지역복지실천의 모색
이기영 | 부산대 사회복지학과

213 치매노인케어론
조유향 | 초당대 간호학과

214 노인상담입문
서혜경 외 | 한림대 대학원 사회복지학과

215 '통일 이후 통일과정'으로서의 독일 통일영화
이준서 | 이화여대 독어독문학과

216 중국의 사회보장
오정수 | 충남대 사회복지학과

217 환경자원의 경제적 가치와 환경오염의 사회적 비용
김재홍 | 울산대 사회과학부

218 사회복지프로그램의 경제적 평가방법
박창제 외 | 상주대 사회복지학과

219 자유의지와 결정론
안건훈 | 강원대 철학과

220 심리학자들이 쓴 행복한 결혼의 심리학
채규만 외 | 성신여대 심리학과

221 현대 해석학 강의
양해림 | 충남대 철학과

222 한국인의 주거 빈곤과 공공주택
하성규 | 중앙대 도시및지역계획학과

223 IMF 경제위기와 한국 출산력의 변화
김두섭 | 한양대 사회학과

224 동아시아의 영토분쟁과 국제법
이석우 | 인하대 법학부

225 독일 복지국가와 사회복지서비스
정재훈 | 서울여대 사회사업학과

226 사회복지사를 위한 실용 비모수통계
엄명용 | 성균관대 사회복지학과

227 피해자학 연구
이윤호 | 동국대 경찰행정학과

228 광고언어창작론
박영준 외 | 부경대 국어국문학과

229 환경규제 패러다임의 전환
한철 | 한남대 법학과

230 고령사회의 노동환경변화와 고용 시스템의 문제점 및 법적 대응
고준기 | 국립군산대 법학과

231 세계화와 소득불평등
이성균 외 | 울산대 사회과학부

232 유비쿼터스 사회의 이해
안중호 외 | 서울대 경영학과

233 국제환경책임법론
박병도 | 건국대 법학과

234 한국의 선거와 민주주의
윤종빈 | 명지대 정치외교학과

235 한국 시민운동의 구조와 동학
조대엽 외 | 고려대 사회학과

236 또래관계
송영혜 | 대구대 재활심리학과

237 해외 한국기업과 현지인 노동자
석현호 외 | 에스콰이아학술문화재단

238 독일 국가복지에서 민간복지단체의 역할과 의미
차성환 외 | 한일장신대 사회복지학부

239 청정공학
조정호 | 동양대 생명화학공학과

240 한국전통연희론
심상교 | 부산교육대 국어교육학과

241 정신장애와 가족
서미경 | 경상대 사회복지학부

242 빈곤통계의 작성과 활용
김주환 | 동국대 정보통계학과

243 인터넷과 한국정치
강원택 | 숭실대 정치외교학과

244 북한의 시장경제이행
정영화 외 | 서경대 법학과

245 시스템사고로 본 지속가능한 도시
문태훈 | 중앙대 도시및지역계획학과

246 실버산업과 유비쿼터스 컴퓨팅
고일상 | 전남대 경영학부

247 재활상담과 사례관리
나운환 | 대구대 직업재활학과

248 영유아교육기관에서의 장애 이해 교육
유수옥 | 우석대 유아특수교육과

249 장애의 사회적 의미와 사회통합
박수경 | 대진대 사회복지학과

250 경제분석의 수리적 기초
조인성 | 공주대 경제통상학부

251 비영리부문의 비교연구
김승현 | 서울산업대 행정학과

252 고등교육경제학
반상진 | 전북대 교육학과

253 과학윤리교육의 이론과 방법
조희형 | 강원대 과학교육학부

254 결혼이민자가족의 이해
김오남 | 대불대 사회복지학과

255 동아시아 국가의 공공부조
신동면 | 경희대 사회과학부

256 특수아동 진단 및 평가
이나미 | 대불대 특수교육과

257 계약형 사회복지와 권리옹호시스템
이명현 | 경북대 상주캠퍼스 사회복지학과

258 실내공기질 및 위해성 관리
양원호 | 대구가톨릭대 산업보건학과

259 충남 방언 문법
한영목 | 충남대 국어국문학과

260 교육권론
노기호 | 군산대 법학과

261 도시경관계획론
임승빈 | 서울대 조경 · 지역시스템공학부

262 교통의 새로운 패러다임
김형철 | 경원대 도시계획 · 조경학부

263 노인의 삶의 질 향상을 위한 주거환경 디자인
천진희 | 상명대 디자인대학 실내디자인전공

264 사회복지와 문화
박병현 | 부산대 사회복지학과

265 장애인복지의 이론과 실제
이선우 | 인제대 사회복지학과

266 창의성 개발을 위한 디자인교육 콘텐츠
김선영 | 인천가톨릭대 조형예술대학 환경디자인학과

267 구성주의 사회복지 실천 기술론
고미영 | 서울신학대 사회복지학과

268 장애아교육학
김기흥 | 부산교육대 유아교육과

269 지역사회복지와 자원부문
한상진 외 | 울산대 사회학과

270 환경관리회계
육근효 | 부산외국어대 회계학부

271 인권 관점에서 보는 장애인복지
유동철 | 동의대 사회복지학과

272 정신증상
송지영 | 경희대 의과대학병원 신경정신과

273 사이버공간의 사회심리학
이성식 외 | 숭실대 정보사회학과

274 노인에 대한 사회적 돌봄과 돌봄서비스의 질 보장
최희경 | 신라대 가족노인복지학과

275 아동 심리치료의 실제
신현균 | 전남대 심리학과

276 사회복지와 위험관리
노충래 | 이화여대 사회복지전문대학원

277 국제 탄소시장의 이해
양승룡 | 고려대 식품자원경제학과

278 타자의 초상
신문수 | 서울대 영어교육과

279 한국정치와 환경정치
나정원 | 강원대 정치외교학과

280 북한이주민
윤인진 | 고려대 사회학과

281 음주의 사회경제적 비용
정우진 외 | 연세대 보건대학원

282 지방정치와 동북아 도시거버넌스
박재욱 | 신라대 행정학과

283 노숙인 복지론
남기철 | 동덕여대 사회복지학과

284 유럽통합과정과 지역협력
이규영 | 서강대 국제대학원

285 사회복지재정 연구
지은구 | 계명대 사회과학대학 사회복지학과

286 지역사회 교육개혁을 위한 시민사회 조직의 참여
김영화 | 홍익대 교육학과

287 복지사회를 대비한 국민연금의 구조개혁
박영석 외 | 서강대 경영학부

288 한미 FTA 지재권 협상에 따른 의약품 분야 사회후생 변화
오근엽 | 충남대 무역학과

289 산업입지, 환경 그리고 지역경제
이기동 외 | 계명대 국제통상학과

290 감성지능 개발을 통한 삶의 질 향상
김경수 외 | 전남대 경영학부

291 교육복지론
이용교 외 | 광주대 사회복지학부

292 인간과 행복에 대한 철학적 성찰
박찬국 | 서울대 철학과

293 유럽연합의 사회통합 사례와 교훈
이무성 | 명지대 정치외교학과

294 민영화와 사회후생
이상호 | 전남대 경제학부

295 북한의 교육학 체계 연구
최영표 외 | 동신대 교육대학원

296 한국 지속가능발전의 구조와 변동
정대연 | 제주대 사회학과

297 우리나라의 공익 연계 마케팅에 관한 연구
임승희 | 전주대 경영학부

298 시각장애인복지론
김영일 | 조선대 특수교육과

299 그린에너지와 환경촉매
정석진 | 경희대 화학공학과

300 취약학교 초등학생을 위한 온라인 보건교육 프로그램
박경옥 | 이화여대 보건관리학과

301 신탁제도를 통한 고령자의 보호와 지원
최수정 | 서강대 법학전문대학원

302 사회적 약자계층에 대한 실태분석 및 정책방안
이은우 외 | 울산대 경제학과

303 한류 문화와 동북아 공동체
최혜실 | 경희대 국어국문학과

304 노동유연화와 해고보호법
권혁 | 부산대 법학전문대학원

305 사회복지 위험관리의 이해
박미은 | 한남대 사회복지학과

306 의료기관의 회계와 세무
노준화 | 충남대 경영학부

307 여성인적자원의 전문성 확보를 위한 경력개발
백지연 | 이화여대 국제사무학과

308 정신병리
강선경 | 서강대 신학대학원

309 바다의 반란 적조
윤양호 | 전남대 해양기술학부

310 한국 장애인 복지 발달사
이성규 | 서울시립대 사회복지학과

311 서양예술 속의 동양 탐색
진상범 | 전북대 독어독문학과

312 한국인의 도덕성 발달 진단
문용린 | 서울대 교육학과

313 영국정치와 국가복지
고세훈 | 고려대 공공행정학부

314 인간학적 사유를 여는 중도 · 중복장애 교육학
이숙정 | 단국대 특수교육과

315 개별화 교육과정
이소현 | 이화여대 특수교육과

316 인간의 긍정적 성품
권석만 | 서울대 심리학과

317 지방자치와 지역여성의 전망
이혜숙 | 경상대 사회학과

318 한국 현대 노년소설 연구
전흥남 | 한려대 교양학부

319 정보격차 해소를 위한 창의적 정보교육 프로그램
이영준 외 | 한국교원대 컴퓨터교육과

320 한국 가족과 젠더
손승영 | 동덕여대 교양학부

321 한국의 복지혼합
김진욱 | 서강대 신학대학원

322 사회자본과 자원봉사
김태룡 외 | 상지대 행정학과

323 농촌교육복지연구
박삼철 | 단국대 교양학부

324 사회정체성 평가 차원에 대한 국제비교조사
이명진 | 고려대 사회학과

325 캐나다 복지국가 연구
조영훈 | 동의대 사회복지학과

326 한국의 소수자운동과 인권정책
전영평 외 | 서울대 행정대학원

327 한국과 미국의 보육서비스 전달체계와 품질 비교분석
김근세 외 | 성균관대 국정관리대학원

328 한국사회의 소득불평등과 국민 의료이용
이용재 | 호서대 사회복지학과

329 정보시대의 인간안보
조화순 | 연세대 정치외교학과

330 가족의 사회경제적 특성과 아동발달
김광혁 | 전주대 사회복지학과

331 초 · 중 · 고등학생의 학업소진 진행과정 및 경로분석
이상민 | 고려대 교육학과

332 다문화사회의 사법통역
이지은 | 이화여대 통역번역대학원

333 동아시아 지역주의
유현석 | 경희대 정치외교학과

334 환경친화적 공공시설관리와 지역공동체의 삶의 질
이소영 | 중앙대 실내디자인 · 주거환경학과

335 의료보험의 법정책
김나경 | 성신여대 법과대학

336 양극화 시대 가족해체와 청소년의 적응에 관한 한국과 미국의 비교 연구
오승환 외 | 울산대 사회복지학과

337 기업의 사회적 책임과 지역경제사회 발전 연구
허영도 외 | 울산대 경영학부

338 노인의 삶의 질 향상을 위한 온라인 소셜 네트워크 구축 방안
김진우 | 연세대 경영학과

339 청소년 생활역량
윤명희 외 | 동의대 평생교육학과

340 외국인 배우자의 다양성과 국제결혼의 안정성
김두섭 | 한양대 사회학과

341 정보인권의 규범구체화
이민영 | 가톨릭대 법학과

342 한국 사회복지실천의 고유성
최성재 외 | 서울대 사회복지학과

343 스웨덴의 환경책임 실천모형
최희경 | 경북대 행정학부

344 자율운동과 주거공동체
윤수종 | 전남대 사회학과

345 한국인의 공공봉사동기
김상묵 | 서울과학기술대 행정학과

346 한국 이혼가정 아동의 성장
김혜숙 | 경인교육대 교육학과

347 동양 사상과 노인 복지
홍승표 외 | 계명대 사회학과

348 노동과 사회보장의 연계
오문완 | 울산대 법학과

349 학습장애 위험군 아동의 조기선별을 위한 읽기검사 표준화 연구
김애화 외 | 단국대 특수교육학과

350 신 · 재생에너지에 기초한 녹색성장과 사회통합
김인호 | 이화여대 법학전문대학원

351 문화교류역량과 다문화 경영이 기업 경영성과에 미치는 영향
임병학 외 | 부산외대 경영학부

352 빈곤영유아의 발달과 적응
정익중 외 | 이화여대 사회복지학과

353 민사법질서와 인권
양천수 | 영남대 법학전문대학원

354 성년후견제도와 사회복지제도의 연계
신권철 | 서울시립대 법학전문대학원

355 한국 다문화사회의 이방인
김순양 | 영남대 행정학과

356 현대 시민사회와 소비자계약법
이병준 | 한국외대 법학전문대학원

357 개인의 사회적 정보보호를 위한 공공정보서비스 개선 연구
장항배 | 상명대 경영학과

396 취약계층 비만청소년들의 체중관리를 위한 건강증진 프로그램의 효과
김영호 | 서울과학기술대 스포츠과학과

397 한국 전통의 돈의 문학사, 나눔의 문화사
서신혜 | 한양대 창의 · 융합교육원

398 와이파이 공간과 모바일 정보 격차
이건학 | 서울대 사회과학대학

399 도시정비사업의 법적 쟁점과 해설
성중탁 | 경북대 법학전문대학원

400 사회서비스 제공기관의 조직요인과 성과
신창환 | 경북대 사회복지학부

401 도시 사운드스케이프 디자인
전진용 외 | 한양대 건축공학부

402 지방의회 의원윤리연구
김택 | 중원대 경찰행정학과

403 발달장애인 자립생활 증진을 위한 역량탐색 및 주거로서의 해결과제
김라경 | 광주교육대 교육학과

404 외국인고용제도개선과 인권
김상호 외 | 경상대 법과대학

405 사회복지연구에서 질적방법과 분석
김인숙 | 가톨릭대 사회복지학과

406 현대미술에서의 예술적 성장과 창의적 인재양성
백경미 | 울산과학기술원 기초과정부

407 현대인의 삶과 문화예술교육
곽삼근 | 이화여대 교육학과

408 문화적 배경과 체화된 인지
민동원 | 단국대 경영학부

409 아동 섭식행동평가 척도 표준화 및 섭식문제 현황 조사
정경미 | 연세대 심리학과

410 잊혀질 권리: 이상과 실현
문재완 | 한국외대 법학전문대학원

411 인권의 지역화: 일상생활의 인권 증진을 위하여
김중섭 | 경상대 사회학과

412 다문화 시대 이주민의 한국어 의사소통
민병곤 외 | 서울대 국어교육과

413 다문화 시대의 문화교육 커리큘럼
윤여탁 외 | 서울대 국어교육과

414 다문화 시대의 통일교육
박성춘 외 | 서울대 윤리교육과

415 다문화 시대 사회 통합을 위한 시민 교육
이진석 외 | 부산대 일반사회교육과

416 다문화 관련 법률 및 제도
박성혁 외 | 서울대 사회교육과

417 생태복원의 인문학적 상상력
김성도 외 | 고려대 언어학과

418 다국내 출생 다문화가정 청소년의 아픔과 분투: 사회적 차별로부터의 회복과 성장
서영석 | 연세대 교육학과

419 종교심리학의 이해: 죽음인식의 논의를 중심으로
김재영 | 서강대 종교학과

420 글로벌 시대의 사회통합: 세계적 추세와 한국의 위상
장용석 외 | 연세대 행정학과

421 소규모 사회적기업과 소셜미디어 마케팅
박철 | 고려대 글로벌비즈니스대학

422 동아시아 가면극의 역사와 전승양상
전경욱 | 고려대 국어교육과

423 무엇이 우리를 행복하게 하는가?
구교준 외 | 고려대 행정학과

424 디지털 중독의 이해와 대응 방안
오원석 외 | KAIST 경영대학

425 지속가능발전목표(SDG) 시대 한국의 복지와 행복지표 측정
한준 외 | 연세대 사회학과

426 지방정부 간 사회복지 불균형과 시민 행복
장용석 외 | 연세대 행정학과

427 일 · 여가의 변화와 행복 복지
유홍준 외 | 성균관대 사회학과

428 가족시간과 삶의 질
이윤석 외 | 서울시립대 도시사회학과

429 사회복지사의 유데모니아: 사회복지의 가치와 보람, 그리고 행복
송인한 외 | 연세대 사회복지대학원

430 행복을 위한 움직임
안문경 | 국민대 교양대학

431 읽기 장애 조기 선별검사의 측정학적 적합성 연구
여승수 | 부산교육대 유아교육학과

432 문화적 다양성과 창의성: 심리학적 관점
장재윤 | 서강대 심리학과

433 내일의 종언(終焉)? 가족자유주의와 사회재생산 위기
장경섭 | 서울대 사회학과

434 산림공유자원관리로서 금송계 연구
배수호 외 | 성균관대 행정학과

435 한국 경제발전의 문화적 기원: 추격성장, 발전국가 그리고 문화적 혼종성
김명수 | 한양대 정보사회학과

436 4차 산업혁명의 일자리 진화
이민화 | KAIST 미래전략대학원

437 금융 분야에 있어서 4차 산업혁명 시대와 일자리 대책
고동원 | 성균관대 법학전문대학원

438 노동의 디지털화와 산업노동의 미래: 독일 산업 4.0을 중심으로
임운택 | 계명대 사회학과

439 4차 산업혁명과 고등교육 개혁
김민희 외 | 대구대 교직부

440 4차 산업혁명과 일자리 정책의 미래
권혁 외 | 부산대 법학전문대학원

441 복지공급론: 보건복지의 수단과 체계
강창현 | 단국대 공공관리학과

442 생각 중심 교육
박주용 | 서울대 심리학과

443 청소년 독자의 정체성과 문식 활동
이순영 | 고려대 국어교육과

444 인간의 심리를 조작하는 사회공학기술
김석수 | 한남대 멀티미디어학부

445 한국사회 이타적 행동에 대한 이해
강철희 외 | 연세대 사회복지대학원

446 이주민의 사회적 배제: 세대 간 전이와 민족 계급화를 중심으로
최혜지 | 서울여대 사회복지학과

447 사회복지, 업의 변화와 마케팅
이원준 | 청주대 경영학과

448 충남 민속의 이해
이필영 | 한남대 역사교육과

449 한국 청소년들의 공동체지향목표
신종호 외 | 서울대 교육학과

450 저출산 · 고령화와 한국의 연금개혁: 세대 간 공정과 지속가능성
석재은 외 | 한림대 사회복지학과

451 지방 인구구조의 변화와 지역 사회복지 전달체계
기정훈 | 명지대 행정학과

452 고령 친화적 도시재생뉴딜: 일본의 고령 친화 주거지재생 정책 사례 연구
김현주 | 서울연구원 초빙 부연구위원

453 저출산의 심리적 요인: 저출산 원인의 심리학적 요인 분석을 중심으로
진경선 | 성신여대 심리학과

454 남자가 출산휴가를 간다면?: 아빠노동자 형성을 위한 남성 육아휴직 사례 연구
최새은 외 | 한국교원대 가정교육학과

455 한국 다문화 사회의 교육과 복지 실천
김영순 외 | 인하대 사회교육과

456 뉴미디어와 이주민: 소셜미디어시대 서울 지역 중국동포들의 미디어 이용과 적응
김용찬 | 연세대 언론홍보영상학부

457 제1기 헌법재판소: 헌법재판의 황무지에 단단한 초석을 놓다
임지봉 | 서강대 법학전문대학원

458 저소득층 초등학생을 위한 식생활교육 프로그램 개발: 심리 · 사회적, 영양학적 요인을 중심으로
김경원 외 | 서울여대 자연과학대학 식품영양학전공

459 지역공동체 참여의 이론과 현실: 지속가능하고 포용적인 공동체를 위한 대안의 모색
한상일 | 연세대 글로벌행정학과

460 한국가정과 다문화가정 내 배우자 폭력의 유형 및 특성 비교 연구
그레이스 정 | 서울대 아동가족학과

461 한국 유교 圖像의 역사
유권종 | 중앙대 철학과

462 기업과 노동의 사회 책임: CSR에서 ISO26000을 넘어 기업 인권으로
이승협 | 대구대 사회학과

463 청소년을 위한 긍정적 정신건강의 평가와 개입
고영건 | 고려대 학생상담센터

464 이주 시대의 젠더: '다문화' 한국사회와 필리핀 출신 여성들
김민정 | 강원대 문화인류학과

465 상식의 긴 팔: 과학하는 인간의 베이즈주의
여영서 | 동덕여대 교양대학

466 사회복지실천기록: 사회복지사의 기록실무를 위한 지침
백은령 외 | 총신대 사회복지학과

467 대한민국에서 난민으로 살아가기: 의미 탐색과 정책 과제
박순용 외 | 연세대 교육학부

468 다문화사회와 이주민 건강: 헬스커뮤니케이션 차원의 분석과 대안 모색
정의철 | 상지대 미디어영상광고학과

아산재단연구보고서

001 한국인의 도덕성 연구
배해수 | 고려대 국문학과

002 산업화와 청소년 진로
이원호 | 울산대 교육학과

003 공동체의식과 시민운동
김영섭 | 한양대 행정학과

004 한국청년의 삶의 의미 충족도와 만족적 태도
안정수 | 경희대 철학과

005 중국조선족의 사회발전과 한 · 중관계의 위상
손장권 | 고려대 사회학과

006 해송림 "솔껍질깍지벌레"의 천적 및 주요 종의 생태
김규진 | 전남대 농생물학과

007 사회정의와 실천윤리
박종대 | 서강대 철학과

008 동구개혁의 영향
김달중 | 연세대 정치외교학과

009 한국청소년의 의식세계
김문조 | 고려대 사회학과

010 고강도 철근 콘크리트 구조의 실용화
정헌수 | 중앙대 건축학과

011 신기술의 연관형태 및 출현예측의 구조모형
권철신 | 성균관대 산업공학과

012 민간기업의 연구개발을 위한 조세정책
권영훈 | 한양대 경제학부

013 기술개발 활성화방안
송승구 | 울산대 화학공학부

014 부패의 현상과 진단
이문조 | 영남대 정치외교학부

015 연구투자의 지역적 편중화와 부산지역의 기초과학연구 활성화방안
윤웅찬 | 부산대 화학과

016 GATT의 신구 덤핑방지협정과 그 대응 방안
전창원 | 동국대 무역학과

017 한국사회의 도덕성 제고를 위한 진단과 처방
황경식 | 서울대 철학과

018 새로운 노사관계 방향
이진규 외 | 고려대 경영학과

019 21세기 동북아 정세예측과 한국의 전략적 대응방안
최평길 외 | 연세대 행정학과

020 소련의 한국에 대한 정책목표분석
신승권 | 한양대 정치외교학과

021 메모리 커패시터용 $Pb(Zr_xTi_{1-x})O_3$ 강유전체 박막의 제작과 특성
장지근 외 | 단국대 전자공학과

022 러시아 국제법학의 전통
김용구 | 서울대 외교학과

023 유럽연합의 현황과 전망
김동현 외 | 성균관대 행정학과

024 중국의 정치동원
송영우 외 | 건국대 정치외교학과

025 산업적 활용을 위한 이동로보트 시스템의 개발
박민용 외 | 연세대 전자공학과

026 중국조선족의 정치사회화과정과 동화적 국민통합의 방향
전인영 외 | 이화여대 사회생활학과

027 공적부조의 이론과 실제
최일섭 외 | 서울대 사회복지학과

028 대외통상환경의 변화와 법제개편
서헌제 | 중앙대 법학과

029 기업금융의 국제화
최생림 | 한양대 경영학부

030 자동차부품공업의 노사관계
김호진 외 | 고려대 행정학과

031 산업화 과정에서의 한국가족의 실태와 전망
정창수 외 | 성균관대 사회학과

032 공무원 가치관 실태와 정립방안
배병룡 외 | 경상대 행정학과

033 해외귀국청소년의 국내적응연구
이장영 | 국민대 사회학과

034 초고속정보통신망에서 LAN서비스 제공방안
이재용 | 연세대 전자공학과

035 WTO체제의 정책적 대응
김병진 외 | 경희대 행정학과

036 유럽의 통합정치
최수경 외 | 충남대 정치외교학과

037 유기질폐기물을 이용한 고단백사료원인 조류의 생산공정
최정우 외 | 서강대 화학공학과

038 초고속정보통신망의 수용성과 정책방향
박영상 외 | 한양대 신문방송학과

039 중국의 강남사회와 한중교섭
조영록 외 | 동국대 사학과

040 세계화시대의 사회 · 문화의식
신행철 외 | 제주대 사회학과

041 국내 외국인 노동자의 문제와 대책
성규탁 외 | 연세대 사회복지학과

042 노인인력 활용정책과 프로그램
김정후 외 | 강원대 법과대학

043 한일간 학술교류 현황과 활성화방안
정홍익 외 | 서울대 행정대학원

044 계량모형에 의한 한일 경제관계의 이해
김명직 외 | 한양대 경제학부

045 직장인의 음주행태와 삶의 질
진기남 외 | 연세대 보건행정학과

046 유통정보 시스템의 구조와 설계
정용길 | 충남대 경영학과

047 남북통일 이후 사회통합을 위한 교육의 역할
안기성 외 | 고려대 교육학과

048 대중음악에 심취한 청소년들의 심리적 특성
김인경 외 | 연세대 인간행동연구소

049 멀티미디어 시스템을 활용한 교육환경의 개선방안
김한일 | 제주대 컴퓨터교육학과

050 탈냉전기 한일관계의 쟁점
최상룡 | 고려대 정치외교학과

051 자치시대 새로운 '삶의 질' 지표의 모색
김형기 외 | 경북대 경제통상학부

052 유럽통합의 역내외 협력과 갈등
이호재 외 | 고려대 정치외교학과

053 21세기를 대비한 신노사관계
김재원 | 한양대 경제학부

054 대학의 시간제학생 등록제
안규철 외 | 전남대 교육학과

055 21세기에 대비한 방송통신정책
한진만 외 | 강원대 신문방송학과

056 주민참여를 통한 혐오시설 관리운영방안
박균성 외 | 경희대 법학부

057 여성의 정치적 권리인식과 정치참여
전경옥 외 | 숙명여대 정치외교학과

058 한국인 위장질환과 식생활 · 환경요인 및 *H. pylori* 감염과의 관계
이양자 외 | 연세대 식품영양학과

059 학생과 시민의 자원봉사활동
윤정일 외 | 서울대 교육학과

060 동북아 환경문제와 지역환경협력의 모색
신연재 외 | 울산대 정치외교학과

061 노인 자원봉사활동을 통한 사회통합 프로그램 개발
김동배 | 연세대 사회복지학과

062 물류정보 시스템
김태현 | 연세대 경영학과

063 전자식 문서교환을 이용한 항공화물 운송체계
민재형 | 서강대 경영학과

064 청소년과 성
이근후 | 이화여대 의과대학

065 민족통합과 무궁화호 위성의 남북한 공동활용방안
방정배 | 성균관대 신문방송학과

066 채식주의가 20대 여성의 영양상태와 에스트로겐 대사에 미치는 영향
성미경 | 숙명여대 식품영양학과

067 가상정보공간을 통한 지역개발 활성화 전략
유재천 외 | 한림대 언론정보학부

068 조산아 관리현황 및 정책수립 방안
박상기 외 | 조선대 의과대학

069 남북한관의 의식조사와 통일교육 개선 방안
김동규 외 | 고려대 북한학과

070 동양 전통 자연사상 탐구
장동순 | 충남대 환경공학과

071 초고속정보망의 시뮬레이터 구현
한기준 | 경북대 컴퓨터공학과

072 유통원가 시스템의 유효성
정다미 | 명지대 경영학과

073 국악과 문화관광의 만남
정익준 외 | 동아대 국제관광통상학부

074 기업의 지식경영 활용사례
김창은 | 명지대 산업공학과

075 선진국과 한국의 직업교육 · 훈련제도의 특성과 한계
정주연 | 고려대 경제학과

076 제주지역 성인 여성의 자원봉사활동
이상철 외 | 제주대 사회학과

077 M&A와 문화충돌 관리
박원우 | 서울대 경영학과

078 폐금속광산 인근 주민들의 중금속 오염실태
정종학 외 | 영남대 의학과

079 북한 농촌 · 농업실태와 인력자원개발 시스템을 통한 북한 농민의 구호방안
박성열 | 건국대 교육공학과

080 중소 소매점의 경쟁력과 소매성과
채명수 외 | 한국외대 무역학과

081 고령자를 위한 쾌적한 실내온도와 착의량의 설정
정운선 | 안동대 의류학과

082 지역문화 이벤트 PR
박종민 | 경희대 언론정보학부

083 인터넷 지역정보화의 실태와 전략
유평준 외 | 연세대 행정학과

084 여성 삶의 질 향상을 위한 사회교육 활성화 방안
김양희 | 중앙대 가족복지학과

085 벤처기업과 벤처금융
강대석 외 | 충남대 무역학과

086 구조조정기에 있어서 실업대책과 사회 안전망 구축
박천익 | 대구대 경제학과

087 한국 유아의 조기교육
이명조 외 | 한국외대 교육대학원

088 남북한 경제공동체 형성전략
이상만 | 중앙대 경제학과

089 지방자치회계의 투명성과 주민의 알 권리
권찬태 외 | 경북대 경영학부

090 정치지도자의 정책리더십
이해영 | 경일대 행정학과

091 경제위기와 한국인의 복지의식
신광영 외 | 중앙대 사회학과

092 북한의 노동
김강식 | 한국항공대 경영학과

093 우리나라 중소기업의 정보기술 활용 현황과 경쟁력 강화를 위한 제안
정승호 | 부산외대 정보시스템학과

094 인간배아복제의 법적 · 윤리적 문제점과 그 해결방안
최병규 | 한경대 법학부

095 가치변화에 따른 투표행태
조찬래 외 | 충남대 정치외교학과

096 인터넷 경매에서의 계약체결과 소비자 보호
이기수 외 | 고려대 법과대학

097 세계화시대 남북한 통합의 방향과 과제
윤민재 | 서울대 사회발전연구소

098 글로벌 시대 지방정부의 문화마케팅 전략
박흥식 | 중앙대 행정학과

099 대졸여성실업의 실태분석 및 대학-노동시장 간 효율적 연계방안
이은우 외 | 울산대 사회과학부

100 그린 투어리즘의 분석
이응진 | 대구대 관광학부

101 지방자치단체장의 부정부패
오일환 | 한양대 아태지역연구센터

102 산업화가 유교체제하 중국여성의 지위에 미친 영향
천성림 | 배재대 사회과학연구소

103 움직이는 말하기
유혜숙 외 | 나사렛대 교양학부

104 장애학생을 위한 특수교육공학의 활용
김용욱 | 대구대 중등특수교육과

105 지식기반사회의 평생교육 이해와 평생교육 프로그램 개발
박성열 | 건국대 교육공학과

106 N세대의 미술교육
김동철 | 대구교육대 미술교육학과

107 노후계획과 투자
권택호 | 여수대 국제통상학과

108 영화산업
양영철 | 경성대 연극영화학부

109 동유럽의 변혁과 언론의 역활
정대수 | 경남대 정치언론학부

110 환율, 임금, 물가가 국제경쟁력 및 수출입산업에 미치는 영향
하인봉 | 경북대 경제통상학부

111 일본기업의 기술혁신 전략
위정현 | 중앙대 상경학부

112 노후보장정책과 역저당연금제도
조덕호 외 | 대구대 행정학과

113 유비쿼터스 라이프와 미래 사회
김석수 | 한남대 멀티미디어공학과

114 죽음과 관련된 생명윤리적 문제들
구인회 | 가톨릭의과대 인문사회과학교실

115 경제적 세계화와 빈곤문제, 그리고 국가
김준현 | 한일장신대 인문사회과학부

116 한국의 세계불교유산
김종명 | 한국학중앙연구원 한국학대학원

117 복지레저서비스론
고태규 | 한림대 국제학부

118 자생적 철학체계로서 인간중심철학
선우현 | 청주교대 윤리교육과

119 전략적 통합과 한반도 평화체제
김승채 | 고려대 정책대학원

120 환경사법론
전경운 | 경희대 법학부

121 인터넷 자료를 통해 본 한국의 이혼문화와 사회복지
성정현 외 | 협성대 사회복지학과

122 유럽연합의 사회정책에 관한 연구
문진영 | 서강대 신학대학원 사회복지학과

123 여성건강의 통합적 관점
김혜원 | 관동대 간호학과

124 복잡계 네트워크 과학
강병남 | 서울대 물리천문학부

125 경제적인 3세대 전원주택 개발
박근준 | 호서대 건축공학과

126 사회복지와 인적자원개발
이상일 | 인제대 국제경상학부